Recetas Sirtfood

Un Libro de Cocina con más de 100 Recetas para Aprovechar al Máximo la Dieta Sirtfood

Tabla de contenido

Introducción

Si está buscando una dieta que le ayude a alcanzar sus objetivos de pérdida de peso y fitness sin comprometer su paladar, pruebe la dieta Sirtfood. Enseña hábitos alimenticios saludables e incrementa el metabolismo natural de su cuerpo activando un grupo de proteínas conocidas como sirtuinas.

La dieta Sirtfood fue creada por el reconocido dúo de consultores de salud y nutricionistas de celebridades Aidan Goggins y Glen Matten. En lugar de concentrarse exclusivamente en la pérdida de peso, esta dieta fomenta patrones de alimentación saludables. El secreto para perder peso y mejorar el mecanismo natural de su cuerpo y sus poderes curativos es consumir alimentos ricos en sirtuinas. Esta no es una dieta de moda; activa el mecanismo natural de quema de grasa de su cuerpo, lo que promueve la pérdida de peso, mejora su función inmunológica, es increíblemente fácil de seguir y lo deja con una sensación de energía. Lo bueno de esta dieta es que puede lograr todos los beneficios que ofrece sin privarse de los alimentos que disfruta. La chef de televisión Lorraine Pascal, la modelo Jodie Kidd, el campeón de boxeo David Haye y el icono de la música Adele siguen la dieta Sirtfood. Desde vino tinto y chocolate amargo hasta café, puede agregar diferentes ingredientes deliciosos a esta dieta

En este libro aprenderá sobre la Dieta Sirtfood, los beneficios que ofrece y los alimentos ricos en sirtuina. Descubrirá consejos sencillos y prácticos para comenzar con esta dieta, planificación de comidas y un plan de alimentación de 4 semanas. Una vez que comprenda los conceptos básicos de esta dieta, es hora de seguir los sencillos consejos de este libro. Además de esto, descubrirá varias recetas de la dieta Sirtfood. Las recetas se clasifican en diferentes categorías para su conveniencia, como desayunos, almuerzos, meriendas, cenas, recetas de postres, etc. Recuerde: seguir esta dieta es sumamente sencillo. Asegúrese de seguir este protocolo durante al menos cuatro semanas para ver un cambio positivo en su bienestar físico general.

Si está emocionado por aprender más sobre esta dieta y descubrir sus beneficios para la salud y la pérdida de peso, comencemos de inmediato.

PARTE UNO: Conceptos Básicos de la Dieta Sirtfood

Capítulo 1: ¿Qué es la Dieta Sirtfood?

La dieta Sirtfood fue desarrollada por un dúo de nutricionistas famosos Aidan Goggins y Glen Matten. Es sorprendente notar que lograron desarrollar esta dieta mientras trabajaban en un gimnasio privado. Esta dieta se concentra en el consumo de alimentos ricos en sirtuinas. *Sirtuinas* es el término que se usa para describir las proteínas sobrealimentadas que se encuentran en el cuerpo y que regulan diversas funciones como el metabolismo, la inflamación y la inmunidad. Este dúo descubrió que ciertos compuestos vegetales aumentan los niveles de ciertas proteínas conocidas como alimentos *Sirt*. La combinación del protocolo básico de restricción calórica y el aumento del consumo de alimentos Sirt aumenta la producción de sirtuinas.

El dúo enfatiza que esta dieta no es una dieta de moda. Sirt food es la clave para desbloquear el mecanismo natural de curación y pérdida de grasa del cuerpo. Esta dieta ha gestionado con éxito el mundo de la salud y el fitness. ¿Sabía que el secreto de la sorprendente pérdida de peso de Adele es la dieta Sirtfood? Por lo tanto, si está luchando para perder esos kilos de más o desea mejorar su salud en general, esta dieta es una gran idea.

La dieta Sirtfood se creó originalmente para superar los desafíos básicos del ayuno mientras obtiene todos sus beneficios. El ayuno promueve la pérdida de peso, estabiliza los niveles de azúcar en sangre, aumenta la pérdida de grasa y fortalece el sistema inmunológico. Sin embargo, el ayuno no es sostenible a largo plazo, es difícil de seguir, es extremadamente restrictivo, aumenta el riesgo de desnutrición y provoca la pérdida de masa muscular. La dieta Sirtfood replica los beneficios para la salud del ayuno sin sus inconvenientes.

Goggins y Matten creen que esta dieta funciona activando el *gen delgado*. Mientras desarrollaban la dieta Sirtfood, realizaron un estudio en su gimnasio en el Reino Unido con 39 participantes que siguieron la dieta Sirtfood y se ejercitaron regularmente durante una semana. El dúo publicó sus sorprendentes resultados en su libro *"Coma a su Manera para Perder Peso Rápidamente y Tener una Vida más Larga Activando los Superpoderes Metabólicos de la Dieta Sirtfood"*. Los autores notaron que los participantes perdieron un promedio de siete libras al final de la primera semana. También notaron que ciertos participantes ganaron masa muscular magra.

La pérdida de peso se asoció con la privación consciente de glucógeno. Su cuerpo utiliza glucógeno para suministrar la energía necesaria para continuar y mantener su funcionamiento general. Cuando los niveles de energía disminuyen, el cuerpo utiliza las reservas adicionales de glucógeno presentes en su interior. Una vez que están vacías, utiliza grasas para producir la energía necesaria. Una molécula de glucógeno se almacena con cuatro moléculas de agua. Por lo tanto, cuando se agotan las reservas de glucógeno de su cuerpo, también se expulsa toda el agua almacenada en su interior. Entonces, la pérdida de peso inicial (la primera semana más o menos) se debe a la reducción del peso del agua y del glucógeno almacenado en su interior.

Una vez que aumenta su ingesta de calorías, su cuerpo repone las reservas de glucógeno perdidas. Esta es la razón por la que la dieta Sirtfood prescribe una restricción calórica saludable. Al aumentar la ingesta de alimentos ricos en sirtuina, le brinda a su cuerpo todos los nutrientes que necesita sin las calorías innecesarias. Esta dieta consiste en comer de manera inteligente en lugar de comer menos.

Alimentos con sirtuina

A continuación, una lista de los mejores alimentos Sirt que debe agregar a su dieta diaria.

- Vino tinto
- Café
- Chocolate oscuro (85% de contenido de cacao)
- Cebollas
- Fresas
- Arándanos
- Col rizada
- Soya
- Perejil
- Aceite de oliva extra virgen
- Rúcula
- Chile
- Té verde matcha
- Nueces
- Cúrcuma
- Trigo sarraceno
- Dátiles Medjool
- Achicoria
- Apio silveste
- Alcaparras

Capítulo 2: Cómo Seguir la Dieta Sirtfood

La dieta Sirtfood se divide en dos fases. Debe seguir instrucciones específicas en cada fase porque ayudan a cambiar el metabolismo general de su cuerpo. La fase 1 y 2 de esta dieta dura tres semanas en total. Después de esto, debe seguir la dieta durante más tiempo para lograr sus objetivos de pérdida de peso y fitness.

Fase 1

Durante la fase 1 de esta dieta, su ingesta de calorías se reduce a 1000 calorías por día. También se conoce como la etapa de hiper-éxito y dura una semana. Los siete días se dividen en dos segmentos. Durante los primeros tres días de la dieta, su ingesta de calorías es de 1000 calorías por día. Después de eso, su ingesta de calorías aumenta a 1500 calorías por día. Debe beber tres jugos verdes Sirtfood y comer una comida por día dentro de las 1000 calorías asignadas. Después del período de tres días, puede consumir dos comidas dietéticas Sirtfood y beber dos jugos dentro del límite de 1500 calorías.

Fase 2

Una vez que haya completado la fase 1 de esta dieta, ¡no olvide felicitarse! La fase 1 es quizás la parte más difícil de esta dieta; una vez completado, el resto se vuelve más fácil. La fase 2 de esta dieta también se conoce como etapa de mantenimiento, y su objetivo principal es asegurar que se mantengan todos los beneficios derivados de la etapa anterior. No se preocupe por consumir jugos en lugar de comidas durante este período. Durante el período de mantenimiento, puede consumir tres comidas Sirtfood saludables y un jugo Sirtfood. Esta fase tiene una duración de dos semanas. Al aumentar el consumo de estos superalimentos, puede mantener fácilmente los requisitos de nutrientes de su cuerpo.

Una vez que haya completado un ciclo de las fases 1 y 2 de la dieta Sirtfood, debe repetir el proceso nuevamente. Dado que esta dieta es sostenible a largo plazo, asegúrese de consumir comidas saludables y equilibradas. Una de las principales ventajas de esta dieta es la flexibilidad general que ofrece. Para mejorar los beneficios de esta dieta, no olvide agregar suficiente ejercicio a su rutina diaria. La dieta, el sueño y el ejercicio son tres factores importantes esenciales para su bienestar general. ¡Así que présteles atención!

Al igual que con cualquier otra dieta, la creación de un plan es esencial. No se trata solo de perder peso, sino que debe mantener esa pérdida de peso y trabajar para alcanzar sus objetivos de acondicionamiento físico. Después de tres semanas, si se da por vencido y vuelve a sus patrones de alimentación poco saludables, efectivamente eliminará todos los resultados de la dieta Sirtfood hasta el momento. Para facilitar las cosas, utilice el plan de alimentación de la dieta Sirtfood de cuatro semanas que se describe en este libro.

PARTE DOS: Recetas de Sirtfood

Capítulo 3: Bebidas

Jugo Verde #1

Tiempo de preparación: 10 minutos

Tiempo de cocción: 0 minutos

Cantidad de porciones: 2

Ingredientes:

- 4 manojos grandes de hojas de col rizada, rasgadas
- Un manojo de perejil de hoja plana
- Un manojo de hojas de apio silvestre
- 2 manojos grandes de rúcula
- 1 manzana verde mediana, sin corazón, en rodajas
- 1 cucharadita de té verde matcha en polvo
- Jugo de un limón
- 6 ramas de apio con hojas, picadas

Instrucciones:

1. Agregue la col rizada, perejil, apio, rúcula, manzana y apio en un exprimidor y extraiga el jugo.

2. Agregue jugo de limón y mezcle.

3. El té verde matcha en polvo debe mezclarse justo antes de servir.

4. Vierta en 2 vasos y sirva con hielo.

Jugo Verde # 2

Tiempo de preparación: 5 minutos

Tiempo de cocción: 0 minutos

Cantidad de porciones: 2

Ingredientes:

- 5.3 onzas de hojas de col rizada, rasgadas
- 1 manojo pequeño de perejil
- 1 manzana verde, sin corazón, en rodajas
- Jugo de limón
- 2 manojos de rúcula
- 4 ramas de apio picadas
- Jengibre de 1 pulgada, en rodajas
- 1 cucharadita de té verde matcha en polvo

Instrucciones:

1. Agregue la col rizada, la lechuga con perejil, el jengibre, la manzana y el apio en un exprimidor y extraiga el jugo.

2. Agregue jugo de limón y mezcle.

3. El té verde matcha en polvo debe mezclarse justo antes de servir.

4. Vierta en 2 vasos y sirva con hielo.

Jugo Verde # 3

Tiempo de preparación: 10 minutos

Tiempo de cocción: 0 minutos

Cantidad de porciones: 1

Ingredientes:

- 1 taza de hojas tiernas de espinaca
- 2 tazas de hojas de col rizada tiernas
- 1 manojo pequeño de perejil
- 1 pepino pequeño, picado
- Jugo de ½ limón
- ½ manzana verde mediana, sin corazón
- ½ pulgada de jengibre fresco, en rodajas

Instrucciones:

1. Agregue la col rizada, el perejil, el jengibre, la espinaca, la manzana y el pepino en un exprimidor y extraiga el jugo.
2. Agregue jugo de limón y mezcle.
3. Verter en un vaso y servir con hielo.

Jugo de Col Rizada y Apio

Tiempo de preparación: 5 minutos

Tiempo de cocción: 0 minutos

Cantidad de porciones: 2

Ingredientes:

- 10 hojas grandes de col rizada, rasgadas
- 2 pepinos, cortados, picados en trozos
- ½ taza de trozos de piña
- 3-4 tallos de apio grandes, picados

Instrucciones:

1. Agregue la col rizada, los pepinos, la piña y el apio en un exprimidor y extraiga el jugo. Si está usando piña fresca, consuma el jugo dentro de los 30 minutos posteriores a la extracción.
2. Vierta en 2 vasos y sirva con hielo.

Jugo de Perejil con Jengibre y Manzana

Tiempo de preparación: 5 minutos

Tiempo de cocción: 0 minutos

Cantidad de porciones: 2

Ingredientes:

- 5 onzas de perejil, tallo y hojas
- 2 cucharadas de miel
- 2 manzanas verdes, sin corazón y en rodajas
- 1 manojo de hojas de menta fresca
- 2 pulgadas de jengibre, en rodajas

Instrucciones:

1. Agregue el perejil, el jengibre, las manzanas y las hojas de menta en un exprimidor y extraiga el jugo.
2. Agregue miel y mezcle.
3. Vierta en 2 vasos y sirva.

La Máquina Verde

Tiempo de preparación: 15 minutos

Tiempo de cocción: 0 minutos

Cantidad de porciones: 2

Ingredientes:

- 2 pulgadas de jengibre fresco, en rodajas
- 2 pepinos, cortados y picados
- Jugo de lima
- Jugo de limón
- 2 tazas de agua de coco
- 2 tazas de hojas tiernas de col rizada
- 2 hojas de acelga grandes, rasgadas
- 2 tallos de apio picados

- 2 manzanas, sin corazón, en rodajas
- 2 tazas de rúcula empacada

Instrucciones:

1. Exprima el jugo de la lima y el limón.
2. Agregue las manzanas, el jengibre, la col rizada, la acelga, la rúcula y el pepino y extraiga el jugo.
3. Agregue el agua de coco, la lima y el jugo de limón.
4. Vierta en 2 vasos.
5. Agregue hielo si lo desea y sirva de inmediato.

Jugo de Tomate y Col Rizada Salada

Tiempo de preparación: 10 minutos

Tiempo de cocción: 0 minutos

Cantidad de porciones: 2

Ingredientes:

- 6 tomates ciruela medianos, cortados en trozos
- 4 tallos de apio picados
- Jugo de un limón grande
- 2 tazas de perejil de hoja plana
- 6 hojas de col rizada, rasgadas
- 2 cucharadas de semillas de chía (opcional)

Instrucciones:

1. Primero agregue los tomates y el perejil en el exprimidor, seguido de apio y col rizada. Extraiga el jugo y agregue el jugo de limón y las semillas de chía.
2. Déjelo reposar durante 5 minutos.
3. Vierta en 2 vasos y sirva.

Jugo de Uva y Melón

Tiempo de preparación: 10 minutos

Tiempo de cocción: 0 minutos

Cantidad de porciones: 2

Ingredientes:

- 1 pepino, cortado y picado
- 7 onzas de uvas rojas sin semillas
- 2 manojos de espinacas tiernas
- 7 onzas de melón, pelado, sin semillas y picado

Instrucciones:

1. Agregue pepino, uvas, espinacas y melón en un exprimidor y extraiga el jugo.

2. Vierta en 2 vasos y sirva.

Batido de Col Rizada y Grosella Negra

Tiempo de preparación: 5 minutos

Tiempo de cocción: 0 minutos

Cantidad de porciones: 1

Ingredientes:

- 1 cucharadita de miel
- 5 hojas tiernas de col rizada, desechar los tallos
- Un manojo de grosellas negras, desechar los tallos
- ½ taza de té verde tibio recién hecho
- ½ banana, en rodajas
- Cubitos de hielo, según sea necesario

Instrucciones:

1. Agregue miel a la taza de té verde. Revuelva y vierta en una licuadora.

2. Agregue la col rizada, las grosellas, el plátano y los cubitos de hielo.

3. Mezclar durante 30 - 40 segundos o hasta que quede suave.

4. Vierta en 2 vasos y sirva.

Batido de Fresa

Tiempo de preparación: 10 minutos

Tiempo de cocción: 0 minutos

Cantidad de porciones: 2

Ingredientes:

- 1 taza de fresas congeladas
- 2 cucharadas de proteína de arroz integral en polvo
- 4 dátiles medjool, sin hueso, remojados en agua durante 20 minutos, escurridos y picados
- 1 cucharadita de jengibre fresco rallado
- Stevia al gusto
- 4 tallos de apio picados
- 2/3 taza de leche de coco
- 4 cucharadas de cacao en polvo oscuro
- 2 cucharadas de azúcar de palma de coco
- 1 taza de té verde, enfriado

Instrucciones:

1. Agregue fresas, proteína en polvo, dátiles, jengibre, stevia, apio, leche de coco, cacao en polvo, azúcar de palma de coco y té verde en una licuadora.

2. Mezclar durante 30 - 40 segundos o hasta que quede suave.

3. Vierta en 2 vasos y sirva.

Batido de Bayas Mixtas

Tiempo de preparación: 10 minutos

Tiempo de cocción: 0 minutos

Cantidad de porciones: 2

Ingredientes:

- 2 tazas de fresas congeladas mezcladas, arándanos, frambuesas y moras
- 2 a 4 cucharadas de mantequilla de anacardo
- 1 ½ taza de leche de su elección
- 2 cucharadas de semillas de chía
- 2 plátanos, en rodajas, congelados

Instrucciones:

1. Agregue las fresas, la mantequilla de anacardo, la leche, las semillas de chía y los plátanos en una licuadora.

2. Mezclar durante 30 - 40 segundos o hasta que quede suave.

3. Vierta en 2 vasos y sirva.

Batido de Chocolate

Tiempo de preparación: 10 minutos

Tiempo de cocción: 0 minutos

Cantidad de porciones: 2

Ingredientes:

- 2 plátanos, en rodajas, congelados
- 6 - 8 dátiles, sin hueso
- 1 ½ taza de leche de almendras sin azúcar de su elección
- 2 cucharadas de cacao en polvo sin azúcar

Instrucciones:

1 Agregue la leche, el cacao y los dátiles en una licuadora y mezcle hasta que quede suave.

2 Agregue el plátano y mezcle hasta que quede suave.

3 Vierta en vasos y sirva.

Batido de Tarta de Manzanas

Tiempo de preparación: 60 minutos

Tiempo de cocción: 3 minutos

Cantidad de porciones: 3 – 4

Ingredientes:

- 1 taza de hojuelas de avena
- 2 cucharaditas de extracto de vainilla
- 1 taza de cubitos de hielo
- 2 manzanas, sin corazón, peladas y cortadas en trozos
- 1 taza de yogur griego
- 1 taza de té verde

Instrucciones:

1. Siga las instrucciones del paquete y prepare el té verde. Deje enfriar durante 50 a 60 minutos.

2. Vierta en una licuadora. Agregue avena, vainilla, hielo, manzana y yogur.

3. Mezclar durante 30 - 40 segundos o hasta que quede suave.

4. Vierta en 2 vasos y sirva.

Batido de Tarta de Arándanos

Tiempo de preparación: 5 minutos

Tiempo de cocción: 0 minutos

Cantidad de porciones: 1

Ingredientes:

- ¼ de cucharadita de canela molida
- ¼ de cucharadita de ralladura de limón
- ¾ taza de arándanos congelados
- ¼ de taza de leche de coco
- ½ cucharadita de colágeno en polvo
- Agua, según sea necesario

Instrucciones:

1. Agregue los arándanos, la leche de coco y la ralladura de limón en una licuadora.

2. Mezclar durante 30 - 40 segundos o hasta que quede suave.

3. Agregue agua si es necesario y colágeno en polvo. Mezcle durante 4 a 5 segundos.

4. Verter en un vaso y servir.

Batido de Bayas y Té Verde

Tiempo de preparación: 60 minutos

Tiempo de cocción: 0 minutos

Cantidad de porciones: 3 – 4

Ingredientes:

- ½ taza de fresas
- ½ taza de arándanos
- ½ taza de frambuesas
- ½ taza de moras

- 2 plátanos, en rodajas, congelados
- 1 taza de té verde elaborado
- 2 cucharaditas de jugo de limón
- 1 taza de yogur griego

Instrucciones:

- Siga las instrucciones del paquete y prepare el té verde. Deje enfriar durante 50 a 60 minutos.
- Vierta el té verde en una licuadora. Agregue todas las bayas, plátano y yogur y mezcle hasta que quede suave.
- Agregue el jugo de limón.
- Vierta en 3 - 4 vasos y sirva.

Batido de Piña y Té Verde Matcha

Tiempo de preparación: 5 minutos

Tiempo de cocción: 0 minutos

Cantidad de porciones: 2

Ingredientes:

- 2 plátanos en rodajas
- 2 tazas de col rizada picada
- 2 tazas de piña picada
- 1 cucharadita de té verde matcha en polvo
- Jugo de limón al gusto
- 1 taza de leche de soya
- Cubitos de hielo, según sea necesario

Instrucciones:

- Agregue plátano, col rizada, piña, leche de soya y cubitos de hielo en una licuadora y mezcle hasta que quede suave.

- Agregue el jugo de limón y el polvo de té verde matcha justo antes de servir. Si está usando piña fresca, consúmalo de inmediato. Dejarlo para más tarde lo volverá amargo.
- Vierta en 2 vasos y sirva.

Batido de Té Verde de Naranja y Mango

Tiempo de preparación: 10 minutos

Tiempo de cocción: 0 minutos

Cantidad de porciones: 1

Ingredientes:

- ½ taza de jugo de naranja natural
- 1 plátano pequeño, en rodajas, congelado
- ½ taza de trozos de mango congelados
- 1 1 cucharada de té verde matcha en polvo

Instrucciones:

1. Agregue jugo de naranja, plátano, mango y té verde en polvo en una licuadora y mezcle hasta que quede suave.
2. Verter en un vaso y servir.

Batido de Perejil, Piña y Plátano

Tiempo de preparación: 10 minutos

Tiempo de cocción: 0 minutos

Cantidad de porciones: 2

Ingredientes:

- 2 plátanos en rodajas
- 1 taza de perejil empacado
- 2 tazas de piña picada

o cucharaditas de harina de linaza o semillas de chía (opcional)
- ¼ de taza de nueces picadas
- Cubitos de hielo, según sea necesario

Instrucciones:

1. Agregue plátanos, perejil, piña, harina de linaza o semillas de chía si las usa, nueces y cubitos de hielo en una licuadora.

2. Mezcle durante 30 - 40 segundos o hasta que quede suave. Si está usando piña fresca, consúmalo de inmediato. Dejarlo para más tarde lo volverá amargo.

3. Vierta en 2 vasos y sirva.

Leche con Aceite de Coco

Tiempo de preparación: 3 minutes

Tiempo de cocción: 0 minutes

Cantidad de porciones: 2

Ingredientes:

- 4 cucharadas de leche de soya y vainilla o cualquier otra leche de su elección
- Stevia al gusto
- 4 cucharadas de aceite de coco
- 2 tazas de café preparado

Instrucciones:

1. Agregue café, aceite de coco, leche y stevia en una licuadora.

2. Licue hasta que esté bien mezclado y espumoso. Puede tardar un par de minutos. También puede hacerlo en un vaporizador.

3. Vierta en tazas y sirva.

Matcha Latte

Tiempo de preparación: 2 minutos

Tiempo de cocción: 2 minutos

Cantidad de porciones: 2

Ingredientes:

- 1 - 2 cucharaditas de té verde matcha en polvo
- ½ cucharadita de polvo de chaga (opcional)
- cucharadas de aceite de coco virgen orgánico
- 1 taza de agua filtrada caliente
- 1 taza de leche de coco, fría o calentada
- ½ cucharadita de cúrcuma en polvo

Instrucciones:

1. Agregue el polvo de Matcha, el polvo de cúrcuma y el polvo de chaga si lo usa, en un tazón pequeño. Agregue un poco de agua caliente y mezcle hasta obtener una pasta suave.

2. Agregue aceite de coco y mezcle hasta que esté bien combinado.

3. Vierta en una licuadora o vaporizador. Agregue la leche de coco y licue hasta que quede cremoso.

4. Vierta en tazas y sirva

Latte de Cúrcuma Dorado

Tiempo de preparación: 3 minutos

Tiempo de cocción: 3 minutos

Cantidad de porciones: 1

Ingredientes:

- 1 ½ taza de leche de coco
- ½ cucharadita de canela molida

- Una pizca de pimienta negra
- Una pizca de pimienta de cayena
- ½ cucharadita de cúrcuma en polvo
- ½ cucharadita de miel cruda
- 2 rodajas de jengibre fresco pelado

Instrucciones:

1. Licue la leche, la miel, el jengibre y todas las especias en una licuadora hasta que quede suave.

2. Transfiera a una cacerola. Coloque la cacerola a fuego medio y caliente durante unos 3 minutos, hasta que esté caliente, asegurándose de no hervir.

3. Vierta en una taza y sirva.

Chocolate Caliente con Aceite de Coco

Tiempo de preparación: 3 minutos

Tiempo de cocción: 5 minutos

Cantidad de porciones: 2

Ingredientes:

1. 1 taza de leche de coco entera
2. 1 taza de agua filtrada
3. 4 cucharadas de mantequilla de ganado alimentado con pasto, sin sal
4. 4 cucharadas de cacao en polvo crudo o cacao en polvo
5. ½ cucharadita de canela molida o al gusto
6. 2 cucharadas de aceite de coco
7. ½ cucharadita de extracto de vainilla

Instrucciones:

1. Agregue agua y leche de coco en una cacerola. Coloque la cacerola a fuego medio.

2. Cuando la mezcla hierva, apague el fuego.

3. Transfiera la mezcla a una licuadora o vaporizador. Agregue la mantequilla, el cacao, la canela, el aceite y la vainilla y mezcle hasta que quede suave y espumoso.

4. Vierta en tazas y sirva.

Té Verde Helado de Melocotón

Tiempo de preparación: 5 minutos

Tiempo de cocción: 15 minutos

Cantidad de porciones: 2

Ingredientes:

- 1 cucharada de té verde de hojas sueltas
- 1 ½ duraznos frescos, sin hueso, en rodajas + extra para servir
- ½ taza de jugo de manzana
- 3 tazas de agua

Instrucciones:

1. Vierta ½ taza de agua y jugo de manzana en una cacerola. Agregue rodajas de durazno y coloque la cacerola a fuego medio.

2. Cuando empiece a hervir, baje el fuego y cocine a fuego lento durante 10 a 12 minutos. Mezcle de vez en cuando. Triture el durazno mientras se cocina. Retire del fuego y deje enfriar.

3. Vierta la mezcla a través de un colador de malla de alambre fino colocado sobre un bol y deseche los sólidos.

4. Vierta el agua restante en una olla y hierva el agua. Apague el fuego.

5. Coloque las hojas de té verde en un infusor, remoje el té verde en él.

6. Combine la mezcla de té verde y melocotón en una jarra y colóquela en el refrigerador por un par de horas hasta que esté muy fría.

7. Llene los vasos con hielo picado. Vierta té helado en él. Adorne con rodajas de durazno y sirva.

Capítulo 4: Desayuno

Huevos Revueltos Divinidad Verde

Tiempo de preparación: 10 minutos

Tiempo de cocción: 10 minutos

Cantidad de porciones: 2

Ingredientes:

- ½ cucharada de aceite de oliva extra virgen
- Sal al gusto
- 2 cucharadas de cebollino fresco en rodajas finas
- Pimienta recién molida al gusto
- 1 cucharada de crema agria
- 3 tazas de col rizada tierna
- 4 huevos grandes
- ½ cucharada de estragón fresco picado
- 1 cucharada de mantequilla sin sal

Instrucciones:

1. Coloque una sartén a fuego medio-alto. Agregue aceite y deje calentar. Una vez que el aceite esté caliente, agregue la col rizada y un poco de sal y cocine hasta que se marchite.

2. Coloque la col rizada en un plato.

3. Agregue los huevos, la sal y la pimienta en un tazón y bata hasta que esté espumoso. Agregue las cebolletas y el estragón y mezcle bien.

4. Agregue mantequilla en la sartén. Una vez que la mantequilla se derrita, vierta la mezcla de huevo y continúe mezclando hasta que los huevos comiencen a cocinarse.

5. Agregue la col rizada y mezcle bien. Continúe mezclando hasta que los huevos estén blandos. Apague el fuego.

6. Agregue la crema agria y mezcle suavemente.

7. Sirva de inmediato.

Huevos Revueltos con Champiñones

Tiempo de preparación: 10 minutos

Tiempo de cocción: 10 minutos

Cantidad de porciones: 4

Ingredientes:

- 8 huevos
- 4 cucharaditas de curry suave en polvo
- 4 cucharaditas de aceite de oliva extra virgen
- 4 tazas de champiñones en rodajas finas
- 4 cucharaditas de cúrcuma en polvo
- Mezcla de semillas, para decorar

- 4 - 6 hojas de col rizada, descarte los tallos duros y las costillas, picadas
- 2 chiles ojo de pájaro, en rodajas finas

Instrucciones:

1. Para preparar pasta de especias: Combine agua, cúrcuma en polvo, sal y curry en polvo en un tazón.

2. Coloque una sartén a fuego medio. Agregar el aceite. Una vez que el aceite esté caliente, agregue el chile ojo de pájaro y los champiñones y cocine por un par de minutos.

3. Agregue la col rizada y cocine hasta que la col se marchite.

4. Agregue la pasta de especias y los huevos. Revuelva constantemente y cocine hasta que los huevos estén blandos.

5. Agregue el perejil.

6. Sirva caliente.

Revuelto de Tofu con Col Rizada y Camote

Tiempo de preparación: 10 minutos

Tiempo de cocción: 10 – 12 minutos

Cantidad de porciones: 4

Ingredientes:

- 2 camotes pequeños, lavados y picados en cubos de ½ pulgada
- 1 cebolla morada pequeña, picada
- ½ cucharadita de ajo en polvo
- 1 cucharadita de sal
- 4 tazas de col rizada
- Sal al gusto
- 2 cucharadas de aceite de olive

- 2 paquetes (14 onzas cada uno) de tofu extra firme, escurrido y desmenuzado
- 2 cucharaditas de comino molido
- ½ cucharadita de cúrcuma en polvo
- Pimienta al gusto

Instrucciones:

1. Coloque una sartén grande a fuego medio-alto. Agregue los camotes y vierta suficiente agua para cubrirlos.

2. Cuando comience a hervir, baje el fuego a fuego medio y cocine por 3 minutos. Escurra el agua de la sartén.

3. Agregue aceite y cebolla a la sartén.

4. Aumente el fuego a fuego medio-alto. Cocine durante 5 a 6 minutos.

5. Agregue el tofu, las especias y la sal. Cocinar bien.

6. Agregue la col rizada. Cocine tapado a fuego lento hasta que la col rizada se marchite.

7. Sirva caliente.

Panqueques de Plátano y Arándanos con Compota de Manzana en Trozos

Tiempo de preparación: 10 minutos

Tiempo de cocción: 3 – 4 minutos por panqueque

Cantidad de porciones: 3 – 4

Ingredientes:

Para los panqueques:

- 3 plátanos, en rodajas
- 2.6 onzas de hojuelas de avena

- 1/8 de cucharadita de sal
- 3 huevos
- 1 cucharadita de polvo para hornear
- 4,4 onzas de arándanos
- Mantequilla, para freír

Para la compota de manzana:

- 1 manzana, pelada, sin corazón y picada en trozos
- ½ cucharada de jugo de limón
- Una pizca de sal
- 2-3 dátiles, sin hueso
- Una pizca grande de canela molida

Instrucciones:

1. Para preparar los panqueques: agregue la avena en una licuadora y mezcle hasta obtener un polvo fino.

2. Agregue el polvo para hornear, los huevos, el plátano y la sal y mezcle hasta que quede suave.

3. Vierta en un bol. Agregue los arándanos y e incorpórelos suavemente. Cubra y deje reposar por 10 minutos.

4. Coloque una sartén antiadherente a fuego medio-alto. Agregue un poco de mantequilla y permita que se derrita. Gire la sartén para untar la mantequilla.

5. Vierta aproximadamente ¼ de taza de la masa en la sartén. Pronto se verán burbujas en la parte superior del panqueque.

6. Una vez que el lado inferior esté dorado, dé la vuelta al panqueque y cocine el otro lado. Coloque el panqueque en un plato y sírvelo con compota de manzana.

7. Repita los pasos 4 a 6 y prepare los otros panqueques de manera similar.

8. Para preparar compota de manzana: Agregue manzanas, agua, sal, dátiles, canela y jugo de limón y mezcle hasta que estén bien combinado y espeso.

Panqueques de Alforfón con Chispas de Chocolate y Fresa

Tiempo de preparación: 5 minutos

Tiempo de cocción: 6 – 8 minutos por panqueque

Cantidad de porciones: 8

Ingredientes:

- 2 tazas de harina de trigo sarraceno
- 2 cucharaditas de polvo para hornear
- ½ cucharadita de sal kosher
- 4 cucharadas de aceite de oliva extra virgen
- 2 huevos grandes
- ½ taza de chispas de chocolate amargo sin lácteos
- 4 cucharadas de azúcar de coco
- 2 cucharaditas de canela molida
- 1 ½ tazas de leche de anacardo o leche de soja o leche de almendras, sin azúcar
- 2 cucharadas de extracto de vainilla
- 1 taza de fresas picadas

Para coberturas opcionales:

- Fresas picadas
- Miel de maple
- Chispas de chocolate
- Semillas de lino molidas o corazones de cáñamo o cualquier otro aderezo de su elección

Instrucciones:

1. Rocíe un poco de aceite de oliva en aerosol para cocinar en una sartén y colóquelo a fuego medio.

2. Mientras tanto, agregue la harina, el polvo para hornear, la sal, el azúcar y la canela en un tazón y mezcle hasta que estén bien combinados.

3. Agregue los huevos, el aceite de vainilla y la leche en otro tazón y bata hasta que estén bien combinados.

4. Vierta la mezcla de huevo en el tazón de ingredientes secos y mezcle hasta que se incorporen, asegurándose de no mezclar demasiado.

5. Agregue las chispas de chocolate y las fresas e incorpore suavemente.

6. Vierta aproximadamente ½ taza de masa en la sartén y extiéndala en un círculo con una espátula, de aproximadamente 5 pulgadas de diámetro.

7. Pronto se verán burbujas en la parte superior del panqueque.

8. Una vez que el lado inferior esté dorado, dé la vuelta al panqueque y cocine el otro lado. Coloque el panqueque en un plato y manténgalo caliente.

9. Repita los pasos 6 a 8 y prepare los otros panqueques de manera similar.

Panqueques de manzana con Compota de Grosella Negra

Tiempo de preparación: 10 minutos

Tiempo de cocción: 3 – 4 minutos por panqueque

Cantidad de porciones: 8

Ingredientes:

- 5.2 onzas de avena
- 2 cucharaditas de polvo para hornear
- ¼ de cucharadita de sal
- 20 onzas de leche semidesnatada
- 4 cucharaditas de aceite de oliva ligero
- 8.8 onzas de harina común
- 4 cucharadas de azúcar en polvo
- 4 manzanas, peladas, sin corazón y en cubos
- 4 claras de huevo

Para la compota de grosella negra:

- 8.4 onzas de grosellas negras, descarte los tallos
- 6 cucharadas de agua
- 4 cucharadas de azúcar en polvo

Instrucciones:

1. Para preparar la compota de grosellas negras: Mezcle el azúcar, las grosellas negras y el agua en una sartén y coloque la sartén a fuego medio.

2. Cocine a fuego lento, durante aproximadamente 10 minutos.

3. Combine la avena, el polvo para hornear, la sal, la harina y el azúcar en polvo en un tazón.

4. Agregue la manzana y revuelva. Agregue la leche, aproximadamente 1 onza a la vez y mezcle bien cada vez.

5. Una vez que se haya agregado toda la leche, batir hasta que quede suave y sin grumos.

6. Batir las claras de huevo hasta que se formen picos rígidos. Agregue claras de huevo a la masa e incorpore suavemente.

7. Coloque una sartén antiadherente a fuego medio-alto. Agregue una cucharadita de aceite y permita que se caliente. Gire la sartén para esparcir el aceite.

8. Vierta aproximadamente 1/8 de la masa en la sartén. Cuando la parte de abajo esté dorada, dar la vuelta al panqueque y cocinar el otro lado. Coloque el panqueque en un plato y manténgalo caliente.

9. Repita los pasos 7 a 8 y prepare los panqueques restantes de manera similar.

10. Sirva los panqueques con compota de grosellas negras.

Panqueque de Crema de Chocolate

Tiempo de preparación: 10 minutos

Tiempo de cocción: 4 – 5 minutos por panqueque

Cantidad de porciones: 2

Ingredientes:

Para los panqueques:

- 2.1 onzas de harina de trigo sarraceno
- 2 cucharadas de semillas de lino molidas
- ½ cucharadita de polvo para hornear
- 2.1 onzas de proteína de guisante en polvo
- 2 a 4 cucharadas de vinagre de sidra de manzana
- Stevia al gusto
- 1 cucharadita de aceite de oliva y más si es necesario
- 1 taza de frijoles cannellini

Para la crema de chocolate:

- 2 cucharadas de aceite de semilla de lino
- 2 cucharadas de cacao en polvo

- 2 cucharadas de néctar de agave

Instrucciones:

1. Agregue harina de trigo sarraceno, proteína de guisantes, semillas de lino, vinagre, polvo de hornear, stevia, frijoles cannellini y ½ taza de agua en el tazón del procesador de alimentos. Procese hasta que quede suave y bien combinado.

2. Vierta la masa en un bol. Deje reposar la masa durante 5 minutos.

3. Coloque una sartén antiadherente a fuego medio. Agregar el aceite. Cuando el aceite esté caliente, vierta aproximadamente la mitad de la mezcla de panqueques en la sartén. Extienda la masa si es muy espesa. Pronto se verán burbujas en la parte superior.

4. Cuando la parte inferior esté dorada, dé la vuelta al panqueque y cocine el otro lado.

5. Repita los pasos 3 a 4 y haga el otro panqueque.

6. Para preparar la crema de chocolate: Mezcle el aceite de linaza, el cacao y el néctar de agave en un bol.

7. Sirva los panqueques calientes con la crema de chocolate y frutas de su elección.

Shakshuka

Tiempo de preparación: 10 – 12 minutos

Tiempo de cocción: 25 minutos

Cantidad de porciones: 4

Ingredientes:

- 2 cucharaditas de aceite de oliva extra virgen
- 2 dientes de ajo, pelados y finamente picados
- 2 chiles ojo de pájaro, finamente picados
- 2 cucharaditas de cúrcuma en polvo

- Pimienta al gusto
- 2 latas (14.1 onzas cada una) de tomates picados
- 2 cucharadas de perejil picado
- 3 onzas (aproximadamente 1 mediana) de cebolla morada, finamente picada
- ½ tallo de apio, finamente picado
- 2 cucharaditas de comino molido
- 2 cucharaditas de pimentón o al gusto
- 2.5 onzas de hojas de col rizada, picadas
- 4 huevos medianos
- Sal al gusto

Instrucciones:

1. Coloque una sartén profunda a fuego medio-bajo. Agregue aceite y deja calentar. Una vez que el aceite esté caliente, agregue el ajo, la cebolla, el apio y todas las especias.

2. Saltee durante un par de minutos. Agregue los tomates.

3. Baje el fuego y cocine tapado durante aproximadamente 20 minutos. Mezcle de vez en cuando.

4. Agregue la col rizada y cocine durante aproximadamente 5 minutos. Si la salsa está visiblemente seca, agregue un poco de agua.

5. Haga 4 cavidades en la mezcla (lo suficientemente grandes como para que quepa un huevo), en diferentes lugares. Rompa un huevo en cada cavidad.

6. Baje el fuego y cocine tapado hasta que las claras estén cocidas y las yemas un poco líquidas o como las prefiera.

7. Sirva caliente.

Gachas de Dátiles y Nueces

Tiempo de preparación: 10 minutos

Tiempo de cocción: 10 minutos

Cantidad de porciones: 4

Ingredientes:

- 4 tazas de leche de su elección
- 5 onzas de hojuelas de trigo sarraceno
- 7 onzas de fresas, peladas
- 4 dátiles medjool, sin hueso y picados
- 4 cucharaditas de mantequilla de nueces u 8 mitades de nueces, picadas

Instrucciones:

1. Agregue la leche y los dátiles en una cacerola. Coloque la cacerola a fuego medio.

2. Cuando esté un poco caliente, agregue hojuelas de trigo sarraceno y mezcle.

3. Mezcle con frecuencia hasta que la papilla esté espesa, según su gusto.

4. Agregue la mantequilla de nueces y mezcle.

5. Sirva en tazones cubiertos con fresas.

Avena Remojada Saludable con Té Verde Matcha

Tiempo de preparación: 5 minutos

Tiempo de cocción: 0 minutos

Cantidad de porciones: 2

Ingredientes:

- 1 taza de copos de avena tradicional
- Stevia al gusto
- 1 cucharadita de extracto de vainilla
- 1 cucharadita de té verde matcha en polvo
- 1 1/3 tazas de leche de almendras y vainilla sin azúcar + extra para servir
- 20 gotas de extracto de almendras

Instrucciones:

1. Combine la avena, la stevia y el matcha en polvo en un tazón.

2. Agregue la leche de almendras, el extracto de almendras y el extracto de vainilla y mezcle bien.

3. Mantenga el recipiente cubierto con una envoltura de plástico y enfríe durante la noche.

4. Mezcle y sirva en tazones con más leche y aderezos de su elección si lo desea.

Choco- Chip Granola

Tiempo de preparación: 5 – 8 minutos

Tiempo de cocción: 20 minutos

Cantidad de porciones: 4

Ingredientes:

- 3.5 onzas de avena
- 1 ½ cucharada de aceite de oliva ligero
- ½ cucharada de azúcar morena
- 2 - 3 cucharadas de nueces picadas
- 2 cucharaditas de mantequilla
- 1 cucharada de jarabe de malta de arroz
- 1 onza de chispas de chocolate amargo

Instrucciones:

1. Prepare una bandeja para hornear forrándola con papel pergamino.

2. Coloque la avena y las nueces en un tazón y mezcle bien.

3. Agregue aceite, azúcar morena, mantequilla y jarabe de malta en una sartén antiadherente. Coloque la sartén a fuego medio-bajo y mezcle con frecuencia hasta que la mezcla esté tibia, se derrita y esté bien combinada. Apague el fuego antes de que hierva la mezcla.

4. Transfiera la mezcla al tazón de avena y mezcle hasta que esté bien combinado.

5. Extienda la mezcla en una bandeja para hornear forrada con papel pergamino.

6. Hornear en un horno precalentado a 320° F hasta que se doren alrededor de los bordes, aproximadamente 20 minutos.

7. Cuando esté horneado, retire la bandeja para hornear y déjelo enfriar completamente en la encimera.

8. Romper en pedazos. Agregue las chispas de chocolate y mezcle bien. Transfiera a un recipiente hermético. Esto puede durar 2 semanas a temperatura ambiente.

9. Sirva.

Tortilla de Salmón Ahumado

Tiempo de preparación: 10 minutos

Tiempo de cocción: 5 minutos

Cantidad de porciones: 2

Ingredientes:

- 4 huevos medianos
- 1 cucharadita de alcaparras
- 2 cucharaditas de perejil picado
- 7 onzas de salmón ahumado, en rodajas
- Un puñado de rúcula picada
- 2 cucharaditas de aceite de oliva extra virgen
- Sal y pimienta al gusto

Instrucciones:

1. Batir los huevos en un tazón hasta que estén suaves y espumosos.

2. Agregue las alcaparras, el salmón, la sal, la pimienta, el perejil y la rúcula.

3. Coloque una sartén antiadherente a fuego medio. Agregue una cucharadita de aceite. Una vez que el aceite esté caliente, vierta la mitad de la mezcla de huevo. Gire la sartén para esparcir la mezcla de huevo.

4. Cocine a fuego lento hasta que cuaje la tortilla.

5. Coloque la tortilla en un plato y sirva.

6. Repita los pasos 3 a 5 y prepare la siguiente tortilla.

Superalimento Muesli de Trigo Sarraceno

Tiempo de preparación: 10 minutos

Tiempo de cocción: 0 minutos

Cantidad de porciones: 2

Ingredientes:

- 1.4 onzas de hojuelas de trigo sarraceno
- 1 onza de hojuelas de coco o coco desecado
- 1 onza de nueces, picadas

- 7 onzas de fresas picadas
- Hojaldre de alforfón de 0,7 onzas
- 8 dátiles medjool, sin hueso y picados
- 0,7 onzas de semillas de cacao
- 7 onzas de yogur griego natural

Instrucciones:

1. Agregue las hojuelas de coco, nueces, fresas, dátiles, semillas de cacao, yogur, hojuelas de trigo sarraceno y hojaldre de trigo sarraceno en un tazón y mezcle.

2. Dividir en 2 tazones y servir.

Bol de Cereales

Tiempo de preparación: 10 minutos

Tiempo de cocción: 5 minutos

Cantidad de porciones: 4

Ingredientes:

- 2 cucharadas de aceite de oliva extra virgen + extra para rociar
- 2 manojos de col rizada, descartar los tallos duros y el centro, picados
- 4 tazas sobrantes de trigo sarraceno cocido o quinoa o arroz integral o cualquier otro grano favorito de su elección
- 2 tomates, picados
- 2 dientes de ajo, pelados y finamente picados
- Pimienta al gusto
- 1 aguacate, pelado, sin hueso y en cubos
- Sal al gusto

Instrucciones:

1. Coloque una sartén antiadherente grande a fuego medio. Agregar el aceite. Cuando el aceite esté caliente, agregue el ajo y revuelva constantemente hasta que esté dorado.

2. Agregue la col rizada, la sal y la pimienta y cocine hasta que se marchite.

3. Tome 4 tazones y agregue una taza de granos cocidos en cada uno.

4. Divida la mezcla de col rizada, el aguacate y los tomates en partes iguales entre los tazones y sirva.

Buckwheat and Eggs

Tiempo de preparación: 5 minutos

Tiempo de cocción: 10 minutos

Cantidad de porciones: 2

Ingredientes:

- ½ taza de granos de trigo sarraceno
- 4 cucharadas de aceite de oliva extra virgen
- ½ taza de perejil fresco, finamente picado
- Sal al gusto
- 4 huevos
- 4 cebolletas, finamente picadas
- 2 cucharadas de yogur natural
- Pimienta al gusto

Instrucciones:

1. Siga las instrucciones del paquete y cocine los granos de trigo sarraceno.

2. Coloque una sartén a fuego medio. Agregar el aceite. Cuando el aceite esté caliente, agregue las cebolletas y saltee por un minuto.

3. Agregue el trigo sarraceno, los huevos y el perejil y saltee hasta que los huevos estén cocidos según su preferencia.

4. Agregue sal y pimienta al gusto y mezcle.

5. Dividir en 2 tazones. Coloque una cucharada de yogur en cada uno y sirva.

Sándwich de Tempeh

Tiempo de preparación: 10 minutos

Tiempo de cocción: 10 - 12 minutos

Cantidad de porciones: 1

Ingredientes:

- 1 ½ cucharada de salsa de soya o tamari
- ½ cucharada de vinagre de sidra de manzana
- ½ cucharadita de pimentón ahumado
- ½ paquete (de un paquete de 8 onzas) de tempeh, cortado en rodajas finas
- 1 muffin inglés, dividido
- 1 puñado de espinacas tiernas
- Mostaza de Dijon al gusto
- ¾ cucharada de sirope de arce
- 2 dientes de ajo pequeños, picados
- Pimienta al gusto
- ½ cucharada de aceite de oliva
- ¼ de aguacate, pelado, sin hueso y en rodajas
- Sal al gusto

Instrucciones:

1. Combine vinagre, jarabe de arce, salsa de soya, ajo, pimienta y pimentón en un tazón pequeño.

2. Coloque una sartén a fuego medio. Agregar el aceite. Cuando el aceite esté caliente, coloque el tempeh en la sartén, sin superponer, y cocine hasta que la parte inferior esté dorada. Voltear los lados de las rodajas de tempeh y cocina el otro lado hasta que se doren.

3. Agregue la mezcla de salsa y mezcle hasta que esté bien cubierto. Cocine hasta que se seque. Voltear el tempeh un par de veces mientras cocina.

4. Tostar las rebanadas de muffin hasta obtener el crujiente deseado.

5. Unte un poco de kétchup y mostaza Dijon sobre la parte cortada del muffin inglés.

6. Coloque las rodajas de tempeh en la mitad inferior del muffin. Cubra con rodajas de aguacate y espinacas tiernas.

7. Cubra con la mitad superior del muffin inglés y sirva.

Capítulo 5: Sopas

Sopa de Verduras y Granos

Tiempo de preparación: 20 minutos

Tiempo de cocción: 45 minutos

Cantidad de porciones: 2 – 3

Ingredientes:

- ½ taza de granos integrales de su elección como bayas de trigo, arroz integral, cebada, etc., bien enjuagados
- 5 onzas de col rizada, picada (hojas y tallos, pero conservarlos por separado)
- 1 diente de ajo, pelado y picado
- Pimienta recién molida al gusto
- ½ cucharada de aceite de oliva extra virgen + extra para rociar
- 3 tazas de caldo de verduras o caldo de pollo
- Sal al gusto

Instrucciones:

1. Coloque los granos en una cacerola. Vierta suficiente agua para cubrir los granos. Coloque la cacerola a fuego medio.

2. Cuando empiece a hervir, baje el fuego y cocine tapado, hasta que los granos estén cocidos.

3. Escurrir en un colador.

4. Coloque una olla para sopa a fuego medio-alto. Agregar aceite y calentar.

5. Una vez que el aceite esté caliente, agregue los tallos de col rizada y saltee hasta que estén tiernos.

6. Agregue el ajo y cocine por unos segundos hasta que esté fragante.

7. Vierta el caldo y raspe el fondo de la olla para desglasar. Agregue los granos. Cuando la sopa hierva, agregue las hojas de col rizada y cocine hasta que la col se marchite. Añadir sal y pimienta al gusto.

8. Sirva en tazones de sopa, rociados con un poco de aceite de oliva por encima.

Sopa de Verduras de Invierno con Calabaza y Coliflor

Tiempo de preparación: 20 minutos

Tiempo de cocción: 20 – 25 minutos

Cantidad de porciones: 8

Ingredientes:

- cucharaditas de aceite de oliva
- dientes de ajo picados
- 2 tallos de apio, en rodajas finas
- 2 cebollas medianas, picadas
- 1 libra de coliflor, cortada en floretes

- 1 ½ libras de calabaza, pelada, sin semillas y en cubos
- 2 zanahorias medianas, cortadas en medias lunas delgadas
- 1 cucharadita de tomillo seco
- ½ cucharadita de hojuelas de chile
- Sal al gusto
- 2 cucharadas de pasta de tomate
- 3 ½ tazas de caldo de verduras
- 4 hojas de laurel
- 3 ½ tazas de agua
- Pimienta al gusto
- ½ taza de perejil fresco picado

Instrucciones:

1. Coloque una olla para sopa a fuego medio.

2. Agregue aceite. Cuando el aceite esté caliente, agregue las cebollas y saltee hasta que estén rosadas.

3. Agregue las zanahorias, el apio, el ajo, las hojuelas de chile, la sal y el tomillo. Sofría hasta que las verduras estén ligeramente blandas.

4. Agregue la pasta de tomate y cocine por un minuto, mezclando constantemente.

5. Agregue la calabaza, las hojas de laurel, la coliflor y el caldo. Permitir que hierva.

6. Baje el fuego y cubra la olla parcialmente con una tapa. Cocine hasta que las verduras estén tiernas.

7. Retire la olla del fuego y déjela enfriar durante aproximadamente 10 minutos. Agregue aproximadamente 4 tazas de sopa en una licuadora. Mezclar hasta que esté suave.

8. Vierta la sopa mezclada en la olla. Caliente si lo desea.

9. Agregue el perejil y mezcle.

10. Sirva en tazones de sopa y sirva.

Sopa de Judías y Farro

Tiempo de preparación: 20 minutos

Tiempo de cocción: 45 minutos

Cantidad de porciones: 4

Ingredientes:

- ½ taza de farro, bien enjuagado
- 1 cebolla morada picada
- 5 onzas de col rizada, picada (hojas y tallos, pero conservarlos por separado)
- 5 onzas de acelgas, picadas (hojas y tallos, pero conservarlos por separado)
- 1 diente de ajo, pelado y picado
- 1 pulgada de jengibre fresco, pelado y picado
- Pimienta recién molida al gusto
- ½ cucharada de aceite de oliva extra virgen + extra para rociar
- 4 tazas de caldo de verduras
- Sal al gusto
- 1 cucharadita de condimento italiano
- ½ taza de perejil picado
- 1 lata (15 onzas) de frijoles blancos, escurridos y enjuagados

Instrucciones:

1. Coloque el farro en una cacerola. Vierta suficiente agua para cubrir el farro. Coloque la cacerola a fuego medio.

2. Cuando empiece a hervir, baje el fuego y cocine tapado, hasta que el farro esté tierno.

3. Escurrir en un colador.

4. Coloque una olla para sopa a fuego medio-alto. Agregar el aceite y calentar.

5. Una vez que el aceite esté caliente, agregue la cebolla y cocine hasta que esté transparente. Agregue los tallos de acelga y la col rizada y saltee hasta que estén tiernos.

6. Agregue el jengibre y el ajo y cocine por unos segundos hasta que estén fragantes.

7. Vierta el caldo y raspe el fondo de la olla para desglasar. Agregue el farro cocido y los frijoles. Cuando la sopa hierva, agregue las acelgas y las hojas de col rizada y cocine hasta que las hojas se marchiten. Agregue sal y pimienta al gusto.

8. Sirva en tazones de sopa. Servir rociados con un poco de aceite de oliva por encima.

Sopa Verde de Brócoli y Col Rizada

Tiempo de preparación: 15 minutos

Tiempo de cocción: 20 minutos

Cantidad de porciones: 4

Ingredientes:

- 4 tazas de agua hirviendo
- 2 cucharadas de caldo en polvo
- 4 dientes de ajo, pelados y en rodajas
- 1 cucharadita de cilantro molido
- 1 libra de calabacín, en rodajas
- 1 manojo de col rizada, picada, descarte los tallos duros y el centro

- 1 taza de perejil picado + algunas hojas enteras para decorar
- 2 cucharadas de aceite de oliva
- 2 pulgadas de jengibre fresco, pelado y en rodajas
- 2 pulgadas de cúrcuma fresca, pelada, rallada o use 1 cucharadita de cúrcuma en polvo
- 1 brócoli de cabeza pequeña, cortado en floretes
- Jugo de 2 limas
- Pimienta al gusto
- Ralladura de lima
- Sal rosa del Himalaya al gusto

Instrucciones:

1. Para preparar el caldo: Combine agua hirviendo y caldo en una cacerola. Dejar de lado.

2. Coloque una olla para sopa a fuego medio. Agregar el aceite. Una vez que el aceite se haya calentado, agregue el jengibre y el ajo y saltee durante 30 a 40 segundos. Agregue la cúrcuma en polvo, la sal y el cilantro y revuelva durante otros 8 a 10 segundos.

3. Agregue un poco de agua y mezcle bien. Agregue los calabacines y mezcle hasta que las rodajas estén bien cubiertas con la mezcla de especias. Cocine durante aproximadamente 2-3 minutos.

4. Vierta el caldo y cocine por un par de minutos.

5. Agregue el brócoli, el jugo de lima y la col rizada. Cocine hasta que la col rizada y el brócoli se tornen de color verde brillante y ligeramente tiernos. Retire la olla del fuego y agregue el perejil.

6. Transfiera a una licuadora y mezcle hasta que esté hecho puré.

7. Sirva en tazones de sopa. Espolvoree la ralladura de lima y las hojas de perejil encima y sirva.

Sopa de Miso Ramen con Fideos de Trigo Sarraceno

Tiempo de preparación: 20 – 25 minutos

Tiempo de cocción: 7 – 8 horas

Cantidad de porciones: 8

Ingredientes:

Para el caldo de hueso:

- 6.6 libras de huesos de res o restos de pollo o de cordero
- 2 cebollas o puerros o zanahorias o apio, picados en trozos
- 4 hojas de laurel
- 3-4 cucharadas de vinagre de sidra de manzana
- 2 cucharadas de pimienta negra en grano

Para los fideos y verduras:

- 24 onzas de fideos de trigo sarraceno
- 8 cabezas de Bok Choy, recortado, en rodajas finas
- 2 zanahorias, cortadas en palitos
- Raíz de jengibre fresco de 4 pulgadas, pelada y rallada
- 8 cucharadas de jugo de lima
- 3 - 4 cucharaditas de salsa de soya o tamari
- 2 cucharadas de aceite de oliva extra virgen
- 4 onzas de champiñones mixtos, en rodajas
- 1 col roja pequeña, en rodajas finas
- 12 cebolletas, finamente cortadas en diagonal
- 4 cucharadas de pasta de miso
- 1 taza de cilantro fresco picado

Instrucciones:

1. Para preparar el caldo: Agregue huesos, cebollas, hojas de laurel, vinagre de sidra de manzana y granos de pimienta en una olla grande. Cubra con suficiente agua, de modo que el nivel del agua esté aproximadamente a 3 pulgadas por encima de los huesos.

2. Coloque la olla a fuego alto. Cuando llegue a hervir, baje el fuego y cocine tapado, durante 6 horas si usa pollo o aproximadamente 12 horas si usa huesos de res o de cordero.

3. Elimine cualquier residuo que flote en la parte superior, periódicamente.

4. Coloque un colador sobre un frasco y cuele el caldo. El caldo está listo para usar.

5. Para preparar los fideos: Siga las instrucciones del paquete y cocine los fideos de trigo sarraceno.

6. Rocíe aceite sobre los fideos colados y enjuagados. Mezcle bien.

7. Vierta 8 tazas de caldo en la olla. Guarde el caldo restante en el refrigerador y utilícelo en alguna otra receta. Si su caldo está caliente, continúe con el siguiente paso; de lo contrario, caliente el caldo.

8. Agregue jengibre, jugo de limón, tamari, miso y cebolletas en la olla y mezcle bien.

9. Coloque cantidades iguales de Bok Choy, zanahorias, champiñones y col roja en 8 platos hondos.

10. Vierta una taza de caldo en cada taza. Divida los fideos entre los tazones.

11. Decore con cilantro y sirva.

Sopa de Fresa y Melón con Menta

Tiempo de preparación: 15 minutos

Tiempo de cocción: 0 minutos

Cantidad de porciones: 4

Ingredientes:

- 2 ½ tazas de melón maduro, pelado, sin semillas y en cubos
- 2/3 taza de jugo de naranja natural
- 1 ½ cucharada de jugo de lima o limón fresco
- ½ taza de fresas maduras, peladas
- ¼ de taza de vino tinto seco
- 10-12 hojas de menta fresca
- Stevia al gusto (opcional)

Para servir:

- Fresas en rodajas
- Hojas de menta

Instrucciones:

1. Agregue el melón y las fresas en una licuadora y mezcle hasta que quede suave.

2. Agregue jugo de naranja, vino y jugo de lima y mezcle hasta que quede suave. Transfiera a un bol.

3. Agregue la menta. Mezclar bien. Agregue stevia si la usa. Mezclar.

4. Cubra el tazón con papel film y refrigere durante 3-4 horas.

5. Sirva en tazones de sopa. Adorne con fresas en rodajas y hojas de menta y sirva.

Sopa de Pasta Vegetariana

Tiempo de preparación: 15 minutos

Tiempo de cocción: 20 minutos

Cantidad de porciones: 3

Ingredientes:

- ½ cucharada de aceite de oliva extra virgen
- ¾ taza de champiñones blancos en rodajas
- 2 dientes de ajo, pelados y picados
- 2 tazas de caldo de verduras
- ½ lata (de una lata de 15 onzas) de salsa de tomate
- ½ cucharadita de sal kosher
- Pimiento rojo triturado al gusto
- Pimienta negra en polvo al gusto
- ½ cucharadita de albahaca seca
- 6 cucharadas de queso parmesano rallado
- ¼ de taza de cebollas rojas picadas
- 1 calabacín pequeño, cortado en cubitos
- 2 cucharadas de vino tinto seco
- ½ lata (de una lata de 14.5 onzas) tomates pequeños cortados en cubitos
- ½ cucharada de condimento italiano
- ¼ de cucharadita de sal de ajo
- 1 taza de fideos de trigo sarraceno
- Un puñado de perejil fresco, picado, para decorar

Instrucciones:

1. Coloque una olla para sopa a fuego medio alto. Agregar el aceite. Cuando el aceite esté caliente, agregue la cebolla, el ajo y los champiñones y saltee durante 2-3 minutos.

2. Agregue el calabacín y saltee durante un par de minutos. Agregue el vino y mezcle.

3. Cuando la mezcla comience a hervir, agregue el caldo, la salsa de tomate, los tomates cortados en cubitos, la albahaca, la sal y las especias.

4. Una vez que comience a hervir, baje el fuego a medio-bajo y agregue los fideos de trigo sarraceno. Cocine hasta que los fideos estén al dente. Retirar del fuego y agregar el queso parmesano. Retirar.

5. Sirva en tazones de sopa. Adorne con perejil y sirva.

Caldo de Res (Sopa Mexicana de Res)

Tiempo de preparación: 20 minutos

Tiempo de cocción: 50 – 60 minutos

Cantidad de porciones: 4

Ingredientes:

- 1 libra de pierna de res con hueso
- 1 cucharadita de sal o al gusto
- ½ cebolla morada mediana, picada + extra finamente picada, para decorar
- 1 chile ojo de pájaro, en rodajas
- 2 tazas de agua
- 1 ½ taza de caldo de res
- 1 zanahoria mediana, pelada y picada en trozos grandes
- 1 papa pequeña, cortada en cuartos
- 1 chayote, pelado y cortado en trozos
- 1/8 taza de jalapeños en escabeche en rodajas
- ½ taza de cilantro fresco picado, dividido
- 2 rábanos, en cuartos + extra para servir

- ½ cucharada de aceite de oliva
- 1 cucharadita de pimienta negra o al gusto
- ½ lata (de una lata de 14.5 onzas) de tomates cortados en cubitos
- 1 mazorca de maíz, descascarada, cortada en tercios
- 1 repollo de cabeza pequeña, sin centro, cortado en gajos
- Jugo de lima al gusto

Instrucciones:

1. Pique la carne de los huesos de res (deje también un poco de carne sobre los huesos) en trozos de ½ pulgada.

2. Coloque una olla de sopa pesada o cualquier otra olla pesada como un horno holandés a fuego medio. Agregue aceite y agite la olla para que el aceite se extienda por todo el fondo de la misma.

3. Una vez que el aceite esté caliente, agregue la carne, los huesos, la sal y la pimienta y mezcle bien.

4. Una vez que se dore, agregue las cebollas picadas y cocine hasta que las cebollas estén ligeramente doradas, mezclando con frecuencia. Agregue los tomates y el caldo. El caldo debe cubrir los huesos y estar al menos ½ pulgada por encima de los huesos. Si el caldo no cubre los huesos, vierta un poco de agua para mantenerlo cubierto.

5. Cuando empiece a hervir, baje el fuego y cubra la olla sin apretar con una tapa. Cocine a fuego lento hasta que la carne esté tierna.

6. Agregue el agua restante y continúe cocinando a fuego lento. Agrega las zanahorias, el chile ojo de pájaro, la mitad del cilantro, las papas, el chayote y el

maíz. Cocine hasta que las papas y el chayote estén tiernos.

7. Agregue el repollo y cocine a fuego lento durante otros 10 minutos. Apague el fuego.

8. Sirva en tazones de sopa. Adorne con jalapeños, cebollas finamente picadas y el cilantro restante encima.

9. Vierta un poco de jugo de limón en cada tazón y cubra con rábanos.

Cioppino

Tiempo de preparación: 10 minutos

Tiempo de cocción: 45 minutos

Cantidad de porciones: 3 – 4

Ingredientes:

- 2 cucharadas de aceite de oliva extra virgen
- 1 cebolla morada picada
- ½ bulbo de hinojo, picado, reservar las hojas
- 1 diente de ajo, pelado y en rodajas finas
- ¼ de cucharadita de hojuelas de pimiento rojo
- Pimienta recién molida al gusto
- ½ cucharadita de orégano seco
- Sal al gusto
- ¾ taza de vino tinto seco
- 4 onzas de jugo de almeja embotellado
- ½ lata (de una lata de 28 onzas) de tomates triturados
- 1 taza de agua
- 1 tira de ralladura de naranja (aproximadamente una pulgada)
- 6 mejillones, lavados

- ½ libra de camarones, pelados y desvenados
- 6 almejas de cuello pequeño, lavadas
- ½ libra de fletán sin piel, cortado en trozos de 1 pulgada
- 1 hoja de laurel
- Un puñado de perejil fresco picado para servir

Para servir:

- 3-4 rodajas de limón
- Rebanadas de baguette

Instrucciones:

1. Coloque una olla para sopa a fuego medio. Agregar el aceite. Cuando el aceite esté caliente, agregue la cebolla y el hinojo y cocine hasta que estén tiernos.

2. Agregue el ajo, las hojuelas de pimiento rojo, el orégano, la sal y la pimienta. Cocine unos segundos hasta que tenga un agradable aroma.

3. Agregue el vino y déjelo cocinar hasta que sea la mitad de su cantidad original. Desglasar la olla simultáneamente.

4. Agregue los tomates, el agua, la ralladura de naranja, el jugo de almejas y la hoja de laurel.

5. Cocine a fuego lento durante unos 12 a 15 minutos, mezcle de vez en cuando. Deseche la hoja de laurel y la tira de ralladura de naranja.

6. Agregue las almejas y cocine a fuego lento durante 5 minutos, cubriendo mientras cocina.

7. Ahora coloque los mejillones en una sola capa, seguidos de los camarones y finalmente el fletán. No mezclar.

8. Mantenga la olla tapada y continúe cocinando por unos 5 minutos o hasta que la mayoría de las almejas y mejillones se abran. Deseche los que no estén abiertos.

9. Agregue sal y pimienta al gusto y mezcle.

10. Sirva en tazones de sopa. Adorne con hojas de hinojo y sirva con rodajas de pan tostado y rodajas de limón.

Verduras con Sopa de Albóndigas de Queso

Tiempo de preparación: 45 minutos

Tiempo de cocción: 20 minutos

Cantidad de porciones: 8

Ingredientes:

- 2 tazas de queso parmesano recién rallado, ligeramente empacado
- 1 ½ tazas de pan rallado fino y seco
- 8 huevos grandes, ligeramente batidos
- 4 cucharadas de aceite de oliva extra virgen
- 16 tazas de consomé o caldo de pollo bajo en sodio
- 2 tazas de queso Pecorino Romano recién rallado, ligeramente empacado + extra para servir
- Un puñado de perejil fresco de hoja plana, finamente picado
- 4 dientes de ajo, pelados y picados
- Pimienta recién molida al gusto
- 1 libra de achicoria roja, picada en trozos grandes
- Sal al gusto

Instrucciones:

1. Prepare una bandeja para hornear forrándola con papel film.

2. Agregue el queso parmesano y el queso pecorino en un tazón y mezcle bien.

3. Agregue los huevos, el pan rallado, el perejil y 2 dientes de ajo picado y mezcla hasta obtener una masa suave.

4. Prepare bolitas de la mezcla (aproximadamente ¾ de pulgada de diámetro) y colóquelas en la bandeja para hornear. Es posible que deba humedecer sus manos con un poco de agua para prepararlas.

5. Coloque la bandeja para hornear en el refrigerador durante 30 minutos.

6. Coloque una olla para sopa a fuego medio. Agregue aceite y caliente. Cuando el aceite esté caliente, agregue 2 dientes de ajo picados y cocine por unos segundos hasta que esté fragante.

7. Agregue la achicoria y cocine hasta que esté ligeramente dorada.

8. Vierta el caldo y deje hervir.

9. Baje el fuego y agregue las albóndigas en la olla. Cocine a fuego lento durante unos minutos hasta que las albóndigas floten.

10. Agregue sal y pimienta al gusto.

11. Sirva en tazones de sopa. Adorne con pecorino y sirva.

Sopa de Apio, Lechuga, Guisantes y Pepino

Tiempo de preparación: 10 minutos

Tiempo de cocción: 30 minutos

Cantidad de porciones: 6- 8

Ingredientes:

- 3 cucharadas de mantequilla
- 2 cucharaditas de hojas frescas de tomillo, picadas
- 4 lechugas pequeñas, finamente picadas
- 1 pepino, cortado en cubitos
- 2 cebollas rojas, finamente picadas
- Pimienta recién molida al gusto
- 6 - 7 tazas de caldo de verduras
- 1 taza de guisantes
- 2 puñados pequeños de hojas de apio, picadas (mantenga las hojas y los tallos separados)

Para servir:

- Yogur espeso
- 4 a 5 cucharadas de crema agria

Instrucciones:

1. Coloque una cacerola grande a fuego medio-bajo. Agrega la mantequilla y espera a que se derrita.

2. Una vez que la mantequilla se derrita, agregue la cebolla, la sal y el tomillo y cocine hasta que la cebolla se torne rosada.

3. Agregue los tallos de apio. Agregue el caldo después de aproximadamente 2 minutos y cocine durante aproximadamente 12 minutos.

4. Agregue pepino, lechugas, guisantes y la mayor parte de las hojas de apio. Cocine por unos 5 minutos.

5. Sirva en tazones de sopa. Vierta un poco de crema fresca y yogur encima. Cubra con hojas de apio y sirva.

Capítulo 6: Recetas para el Almuerzo

Súper Ensalada de Salmón

Tiempo de preparación: 10 minutos

Tiempo de cocción: 0 minutos

Cantidad de porciones: 2

Ingredientes:

- 3.5 onzas de rúcula
- 7 onzas de rodajas de salmón ahumado
- 3.5 onzas de hojas de achicoria
- 1 aguacate mediano, pelado, sin hueso y en rodajas
- 2 cucharadas de alcaparras
- 2 cucharadas de aceite de oliva extra virgen
- 1 puñado de perejil fresco picado
- 1 puñado de nueces picadas
- 2 dátiles medjool grandes, sin hueso y picados
- Jugo de ½ limón

- 1 manojo de hojas de lúpulo, picadas
- 1 cebolla morada mediana, picada
- 1 manojo de hojas de apio picadas

Instrucciones:

1. Agregue todas las verduras en un tazón grande y mezcle bien.

2. Agregue salmón, aguacate, alcaparras, nueces, dátiles y cebollas rojas en otro tazón y mezcle bien.

3. Agregue jugo de limón y aceite y mezcle bien.

4. Unte la mezcla de salmón sobre las verduras y sirva.

Ensalada de Jugo Verde

Tiempo de preparación: 10 minutos

Tiempo de cocción: 0 minutos

Cantidad de porciones: 2

Ingredientes:

- 4 manojos grandes de hojas de col rizada, rasgadas
- 1 manojo de perejil de hoja plana
- 1 manojo de hojas de lúpulo
- 2 manojos grandes de rúcula
- 1 manzana verde mediana, sin corazón, en rodajas
- Sal al gusto
- ½ taza de nueces picadas
- Pimienta al gusto
- 2 cucharadas de aceite de oliva extra virgen
- Jugo de limón

- 6 ramas de apio con hojas, picadas
- 1 pulgada de jengibre rallado

Instrucciones:

1. Agregue col rizada, perejil, apio, rúcula, manzana, jengibre y apio en un tazón y mezcle bien.

2. Agregue sal, pimienta, jugo de limón y aceite de oliva y mezcle bien.

3. Decore con nueces y sirva.

Ensalada de Brócoli, Edamame y Mijo de Repollo

Tiempo de preparación: 10 minutos

Tiempo de cocción: 30 minutos

Cantidad de porciones: 3

Ingredientes:

- 3 cucharadas de aceite de oliva extra virgen
- 1 cebolla morada pequeña, picada
- Pimienta al gusto
- 1 taza de edamame cocido y sin cáscara
- 3 cucharadas de vinagre de vino blanco
- ½ taza de mijo
- 1 taza de agua
- Sal al gusto
- ¾ taza de col roja picada
- ¾ taza de floretes de brócoli picados
- 2 cucharadas de albaricoques secos picados

Instrucciones:

1. Agregue el mijo y el agua en una cacerola. Coloque la cacerola a fuego medio.

2. Cuando comience a hervir, baje el fuego y cocine tapado, hasta que se seque. Apague el fuego y deje reposar durante 10 minutos. Destape y esponje con un tenedor. Dejar enfriar unos minutos.

3. Agregue el mijo, la cebolla, el repollo, el brócoli, el edamame, el aceite, el vinagre, la sal y la pimienta en un recipiente y mezcle bien.

4. Reservar a un lado por un tiempo para que los sabores se incorporen.

5. Mezcle bien.

6. Esparcir los albaricoques encima y servir.

Ensalada de Pasta de Salmón con Limón y Alcaparras

Tiempo de preparación: 10 minutos

Tiempo de cocción: 20 minutos

Cantidad de porciones: 4

Ingredientes:

- 6 onzas de pasta penne integral
- 2 pimientos rojos grandes, picados
- Ralladura de ½ limón
- Jugo de 2 limones
- 2 chalotas picadas
- 12 aceitunas kalamata, sin hueso y en rodajas
- 4 manojos de rúcula
- 4 filetes de salmón silvestre congelados, sin piel
- 4 dientes de ajo, pelados y rallados
- 4 cucharadas de alcaparras

- 2 cucharaditas de aceite de oliva extra virgen
- 2 cucharadas de aceite de colza o cualquier otro aceite de su elección

Instrucciones:

1. Siga las instrucciones del paquete y cocine la pasta.

2. Coloque una sartén a fuego medio. Agregue el aceite de colza. Una vez que el aceite esté caliente, agregue el pimiento rojo y cocine tapado durante 4 a 5 minutos o hasta que esté ligeramente tierno.

3. Coloque los pimientos rojos de la sartén a un plato y agregue el salmón en la sartén. Cocine tapado de 7 a 8 minutos o hasta que el salmón se desmenuce fácilmente al pincharlo con un tenedor.

4. Mientras tanto, agregue el jugo de limón, la ralladura de limón, el ajo, las alcaparras, la chalota y las aceitunas en un tazón grande y mezcle bien.

5. Agregue la pasta, el salmón y el pimiento rojo y mezcle bien. Espolvoree pimienta encima. Rocíe aceite. Mezcle bien.

6. Cubra y reserve hasta su uso.

7. Agregue la rúcula justo antes de servir. Mezcle bien y sirva.

Ensalada California Kale Cobb

Tiempo de preparación: 10 minutos

Tiempo de cocción: 20 minutos

Cantidad de porciones: 2

Ingredientes:

Para la ensalada:

- 2 rebanadas de tocino de pavo
- ½ aguacate, pelado, sin hueso, cortado en cubitos

- ½ lata (de una lata de 15 onzas) cuartos de corazón de alcachofa empacados en agua, escurridos
- 1 manojo de col rizada, descarte el tallo duro y el centro, las hojas en rodajas finas
- ½ taza de tomates cherry o uva cortados a la mitad
- 8 onzas de pollo cocido, cortado en cubitos
- ½ taza de fresas en rodajas
- 2 huevos duros, pelados y cortados en cuartos a lo largo
- ½ taza de queso de cabra desmenuzado

Para el aderezo:

- ¼ de taza de mayonesa de aceite de oliva
- 1 cucharada de perejil italiano finamente picado
- 1 diente de ajo pequeño, pelado y picado
- Pimienta al gusto
- 1 cucharada de jugo de limón fresco
- ½ cucharada de mostaza de Dijon
- Sal al gusto (opcional)
- 2 cebolletas, en rodajas finas, para decorar

Instrucciones:

1. Prepare una bandeja para hornear forrándola con papel aluminio. Coloque las tiras de tocino en la bandeja para hornear.

2. Hornee el tocino en un horno precalentado a 350° F hasta que esté dorado y crujiente, alrededor de 18 a 20 minutos, volteando los lados a la mitad de la cocción.

3. Cuando esté lo suficientemente frío para manipular, córtelo en trozos pequeños y reserve.

4. Para hacer el aderezo: Agregue mayonesa, perejil, ajo, pimienta, jugo de limón, mostaza y sal en un bol.

Batir bien. Cubra y deje reposar por un tiempo para que se asienten los sabores.

5. Divida las hojas de col rizada en 2 platos para servir.

6. Cubra con cantidades iguales de aguacate, corazones de alcachofa, tomates, tocino, fresas y pollo de la manera que desee.

7. Espolvoree cebolletas encima. Coloque 4 rodajas de huevo sobre la ensalada. Esparcir queso de cabra encima.

8. Divida el aderezo en 2 tazones pequeños. Sirve el aderezo a un lado.

Ensalada de Frutas Frescas y Col Rizada

Tiempo de preparación: 15 minutos

Tiempo de cocción: 0 minutos

Cantidad de porciones: 8

Ingredientes:

Para la ensalada:

- 8 a 10 tazas de col rizada, descartar el centro y los tallos, picada
- 1 taza de moras
- 1 taza de arándanos
- 1 taza de frambuesas
- 2 tazas de fresas en rodajas
- 1 taza de mango maduro en cubos
- 2 peras, peladas, sin semillas y picadas en cubos pequeños
- ½ taza de nueces picadas, tostadas si lo desea

- 6 cucharadas de vinagre de sidra de manzana
- 4 cucharadas de miel (opcional)
- Pimienta recién molida al gusto
- 6 cucharadas de aceite de oliva extra virgen
- 4 cucharadas de mostaza de Dijon
- Sal marina al gusto

Instrucciones:

1. Agregue vinagre de sidra de manzana, miel, aceite, mostaza, sal y pimienta en un tazón pequeño y bata hasta que estén bien combinados.

2. Agregue todas las bayas, el mango, las peras y la col rizada en un bol y mezcle bien.

3. Vierta el aderezo encima. Mezcle bien y sirva adornado con nueces.

Ensalada Tibia de Achicoria con Hongos

Tiempo de preparación: 10 minutos

Tiempo de cocción: 8 – 10 minutos

Cantidad de porciones: 2 - 3

Ingredientes:

- 1 cucharada de chalota picada
- Sal al gusto
- ¼ de taza de aceite de oliva extra virgen
- 2 onzas de hongos ostra, en rodajas
- ½ escarola belga, cortada en trozos de 1 pulgada
- ½ escarola de cabeza pequeña, use solo las hojas internas de color pálido, cortadas en trozos de 1 pulgada
- ¼ de taza de queso parmesano rallado
- 1 cucharada de vinagre de jerez

- Pimienta recién molida al gusto
- 2 onzas de hongos shiitake, cortados en rodajas gruesas
- 1 ramita de tomillo
- ½ achicoria de cabeza pequeña
- 2 cucharadas de perejil de hoja plana picado

Instrucciones:

1. Para preparar el aderezo: Agregue vinagre, sal y pimienta en un bol y bata bien. Deje reposar durante 10 minutos.

2. Agregue 3 cucharadas de aceite y bata bien. Cubra y reserve.

3. Coloque una sartén a fuego medio. Agregue una cucharada de aceite. Cuando el aceite esté caliente, agregue los hongos, la sal, la pimienta y el tomillo, cocine hasta que se doren. Mezcle de vez en cuando.

4. Coloque los hongos en un bol. Deseche el tomillo.

5. Vierta el aderezo sobre los hongos y mezcle bien.

6. Agregue la endibia, la escarola, la achicoria y el perejil y mezcle bien. Pruebe y agregue más sal y pimienta si es necesario.

7. Esparcir el queso y mezclar bien.

8. Sirva.

Pasta de Calabacín y Lúpulo

Tiempo de preparación: 10 minutos

Tiempo de cocción: 20 minutos

Cantidad de porciones: 2

Ingredientes:

- 2 calabacines, cortados, cortados en tiras con un pelador
- 1 ½ cucharada de aceite de oliva
- 1 diente de ajo, finamente picado
- ¼ de taza de hojas de apio, finamente ralladas
- 3 onzas de ricotta, picada en trozos
- 7 onzas de penne o fusilli de trigo integral seco
- Sal al gusto
- ¼ de
- Pimienta recién molida al gusto
- 3 onzas de queso parmesano, rallado + extra para servir

Instrucciones:

1. Siga las instrucciones del paquete y cocine la pasta. Retener un poco del agua cocida y escurrir el resto.

2. Mientras tanto, coloque una sartén a fuego medio-alto. Agregue aceite y espere a que se caliente.

3. Una vez que el aceite esté caliente, agregue los calabacines, sal y pimienta y cocine hasta que estén ligeramente dorados.

4. Agregue la ralladura de limón y el ajo y cocine por unos segundos hasta obtener un aroma agradable.

5. Agregue la pasta, el parmesano, el ricotta y un poco del agua cocida de la pasta retenida. Mezcle bien.

6. Dividir en tazones. Adorne con parmesano y sirva.

Tabulé de Alforfón y Fresa

Tiempo de preparación: 10 minutos

Tiempo de cocción: 15 - 20 minutos

Cantidad de porciones: 2

Ingredientes:

- 2/3 taza de alforfón
- 1 aguacate, pelado, sin hueso y cortado en cubos pequeños
- 1 cebolla morada mediana, picada
- 2 cucharadas de alcaparras
- 1 1/3 taza de rodajas de fresa
- Jugo de limón
- 2 cucharadas de cúrcuma molida
- 2 tomates pequeños, cortados en cubitos
- ¼ de taza de dátiles medjool sin hueso
- 1 ½ taza de perejil
- 2 cucharadas de aceite de oliva extra virgen
- 2 manojos de rúcula

Instrucciones:

1. Siga las instrucciones del paquete y cocine el trigo sarraceno, agregando la cúrcuma mientras cocina.

2. Una vez cocido, escurrir en un colador.

3. Después de que el trigo sarraceno se enfríe, agréguelo a un tazón. Agregue el aguacate, la cebolla, las alcaparras, los tomates, los dátiles y el perejil y mezcle bien.

4. Agregue las fresas, el jugo de limón y el aceite y mezcle bien.

5. Coloque un puñado de rúcula en cada uno de los 2 platos.

6. Repartir la ensalada entre los platos y colocar sobre la rúcula.

Tabulé de Verduras y Coliflor de Primavera

Tiempo de preparación: 15 minutos

Tiempo de cocción: 15 minutos

Cantidad de porciones: 2

Ingredientes:

- 1 libra de coliflor, rallada con los orificios grandes del rallador
- 2 ½ cucharadas de caldo de verduras caliente
- ½ calabacín en cubos
- 1 cucharadita de azúcar en polvo dorado
- 1 ½ cucharada de aceite de oliva extra virgen + extra para servir
- 1 cucharada de aceite de oliva
- Un manojo de hojas de menta fresca, finamente picadas
- 1 cucharada de aceite de oliva
- 2.5 onzas de espárragos finos, cortados en trozos pequeños, dejando las puntas enteras
- Ralladura de 1 limón
- Jugo de ½ limón
- 1 cucharada de alcaparras, escurridas y picadas
- Sal al gusto
- Un manojo grande de hojas de perejil
- ½ manojo de cebolletas, en rodajas
- Pimienta al gusto

Instrucciones:

1. Coloque una sartén a fuego medio. Agrega ½ cucharada de aceite de oliva. Cuando el aceite esté caliente, agregue coliflor, sal y pimienta al gusto y cocine tapado por unos 3 minutos. Mezcle cada minuto.

2. Agregue el caldo y mezcle bien. Continúe cocinando durante otros 2 a 3 minutos o hasta que se seque. Apague el fuego y transfiera a un plato. Dejar enfriar.

3. Coloque una sartén a fuego alto. Agregue ½ cucharada de aceite de oliva. Cuando el aceite esté caliente, agregue los espárragos, la sal, la pimienta y el calabacín y cocine hasta que esté dorado. Mezcle con frecuencia.

4. Agregue las puntas de los espárragos y cocine por un par de minutos. Apague el fuego y deje enfriar las verduras.

5. Mientras tanto, agregue el azúcar, el aceite de oliva extra virgen, el azúcar, las alcaparras, la sal, la pimienta, el jugo de limón y la ralladura en otro recipiente y mezcle bien. Deje que el aderezo se derrita mientras las verduras se enfrían.

6. Una vez que se enfríe, agregue las verduras cocidas, la coliflor y las cebolletas en un tazón grande y mezcle bien.

7. Vierta el aderezo sobre la ensalada. Mezcle bien. Vierta más aceite encima y sirva.

Crepas de Alforfón

Tiempo de preparación: 15 minutos

Tiempo de cocción: 20 minutos

Cantidad de porciones: 8

Ingredientes:

- ½ taza de granos de trigo sarraceno crudo o ½ taza de harina de trigo sarraceno
- 2/3 taza de leche de almendras sin azúcar
- 1 cucharadita de extracto de vainilla
- ¼ de cucharadita de sal
- 3 huevos
- 1 cucharada de sirope de arce (opcional)
- ½ cucharadita de canela molida (opcional)

Instrucciones:

1. Si está usando granos de trigo sarraceno, agréguelos en una licuadora y mezcle hasta obtener un polvo fino.

2. Agregue la leche, la vainilla, la sal, los huevos, el jarabe de arce y la canela y mezcle hasta que quede suave. Vierta en un bol.

3. Coloque una sartén para crepas o una sartén antiadherente a fuego medio-alto. Rocíe un poco de aceite en aerosol sobre la sartén. Permita que la sartén se caliente.

4. Vierta aproximadamente ¼ de taza de la masa en la sartén. Simultáneamente, mueva la sartén para esparcir la masa.

5. Cuando la crepa esté lista, dele la vuelta y cocine el otro lado durante aproximadamente ½ minuto. Retirar en un plato.

6. Repita los pasos 3 a 5 y prepare las crepas restantes.

7. Coloque los rellenos de su elección y sirva las crepas.

Salteado de Trigo Sarraceno con Col Rizada, Pimientos y Alcachofas

Tiempo de preparación: 10 minutos

Tiempo de cocción: 15 minutos

Cantidad de porciones: 4

Ingredientes:

Para el trigo sarraceno:

- ¾ taza de granos de trigo sarraceno tostados, sin cocinar, enjuagados varias veces
- ¼ de cucharadita de sal rosa del Himalaya
- 1 ½ taza de agua

Para el salteado:

- ½ manojo de col rizada, descartar los tallos duros y el centro, finamente picado
- 2 pimientos morrones grandes de cualquier color, en rodajas finas
- 2 cucharadas de aceite de coco, divididas
- ¼ de taza de albahaca finamente picada
- ¼ taza de perejil finamente picado
- 2 dientes de ajo grandes, pelados y picados
- 1 taza de corazones de alcachofa marinados, escurridos y picados
- Sal al gusto

Instrucciones:

1. Agregue el trigo sarraceno, la sal y el agua en una cacerola. Coloque la cacerola a fuego medio.

2. Cubra la cacerola con una tapa y deje que hierva.

3. Baje el fuego y cocine a fuego lento durante 10 a 12 minutos. Permita que permanezca tapado todo el tiempo.

4. Apague el fuego y deje reposar durante 3 minutos. Destape y libere los granos de trigo sarraceno con un tenedor.

5. Coloque un wok a fuego medio. Agregue ½ cucharada de aceite. Cuando el aceite esté caliente, agregue el ajo y cocine por unos segundos hasta que esté fragante.

6. Agregue la col rizada y un poco de sal y cocine hasta que se marchite. Retire la col rizada en un bol.

7. Agregue ½ cucharada de aceite al wok. Agregue el pimiento morrón y un poco de sal y cocine hasta que esté tierno. Retire los pimientos morrones de la sartén y colóquelos junto con la col rizada.

8. Baje el fuego a fuego lento. Agregue una cucharada de aceite. Cuando el aceite se caliente, agregue trigo sarraceno y mezcle de manera que el trigo sarraceno esté cubierto de aceite. Retire la sartén del fuego.

9. Agregue la col rizada y los pimientos morrones.

10. También agregue alcachofas, hierbas y sal y mezcle bien.

11. Sirva.

Curry de Pollo y Col Rizada

Tiempo de preparación: 20 minutos

Tiempo de cocción: 60 minutos

Cantidad de porciones: 2

Ingredientes:

- 7 onzas de muslos de pollo deshuesados y sin piel
- ½ cucharada de aceite de oliva
- Un puñado grande de col rizada, descarte los tallos duros y el centro
- 2 cucharaditas de jengibre finamente picado

- 1 cucharadita de cúrcuma en polvo
- 1 chile ojo de pájaro, finamente picado
- ½ cucharada de curry en polvo
- ½ lata (de una lata de 14 onzas) de tomates picados
- 2 tazas de caldo de pollo
- ½ cucharada de aceite de oliva
- 1 cebolla morada, picada
- 1 cucharada de cúrcuma en polvo
- 2 dientes de ajo machacados
- ½ cucharada de jengibre picado
- 1 vaina de cardamomo
- ½ taza de leche de coco light
- Cilantro picado, para decorar

Instrucciones:

1. Espolvoree ½ cucharada de cúrcuma en polvo por todo el pollo. Rocíe ½ cucharadita de aceite y mezcle bien. Cubra y deje reposar por 30 minutos.

2. Coloque una sartén antiadherente a fuego medio. Agregue el pollo y cocine hasta que se dore por fuera y esté bien cocido por dentro.

3. Transfiera el pollo a un bol.

4. Agregue el resto del aceite en la sartén. Agregue la cebolla, el ajo, el chile y el jengibre y cocine hasta que la cebolla esté rosada.

5. Agregue el resto de la cúrcuma en polvo y el curry en polvo. Mezcle durante aproximadamente un minuto.

6. Agregue el caldo, los tomates, el cardamomo y la leche de coco. Cocine a fuego lento durante aproximadamente 20 minutos.

7. Agregue el pollo y la col rizada y cocine por unos minutos, hasta que la col se marchite. Apague el fuego.

8. Sirva sobre trigo sarraceno cocido o cualquier otro grano cocido de su elección, adornado con cilantro.

Papas Asadas Crujientes con Cúrcuma

Tiempo de preparación: 10 minutos

Tiempo de cocción: 30 minutos

Cantidad de porciones: 3

Ingredientes:

- ½ cebolla morada grande, picada
- 3 papas medianas, peladas y cortadas en cubos del tamaño de un bocado
- Sal al gusto
- 2 cucharaditas de curry en polvo (opcional)
- 2 cucharaditas de cúrcuma en polvo
- Pimienta al gusto
- 2 cucharadas de aceite de oliva
- 2 dientes de ajo picados

Instrucciones:

1. Coloque las papas y la cebolla en un bol. Espolvoree ajo, sal, pimienta, cúrcuma y curry en polvo y mezcle bien.

2. Prepare una bandeja para hornear forrándola con papel pergamino.

3. Extienda la mezcla de papas en la bandeja para hornear, sin superponer.

4. Hornee en un horno precalentado a 320° F hasta que se doren alrededor de los bordes y estén bien cocidos, aproximadamente 30 minutos. Revuelva las patatas de vez en cuando.

5. Cuando esté horneado, retire la bandeja para hornear y deje enfriar.

Panqueques de Trigo Sarraceno

Tiempo de preparación: 25 minutos

Tiempo de cocción: 15 minutos

Cantidad de porciones: 3

Ingredientes:

Para los ingredientes secos:

- ½ taza de harina de trigo sarraceno
- ½ taza de harina para hornear sin gluten 1: 1
- 1 cucharada de miel o jarabe de arce
- ¼ de cucharadita de sal
- 1 cucharadita de polvo de hornear
- ¼ de cucharadita de canela molida

Para los ingredients húmedos:

- ¾ taza de leche de almendras o cualquier otra leche de su elección
- 2 cucharadas de mantequilla derretida + extra para hacer panqueques
- 2 huevos, separados
- ½ taza de arándanos

Instrucciones:

1. Agregue todos los ingredientes secos, es decir, harina, miel, sal, polvo de hornear y canela en un tazón y revuelva.

2. Batir las claras con una batidora de mano eléctrica hasta que se formen picos rígidos.

3. Agregue la leche, la mantequilla y las yemas en otro bol y bata bien.

4. Vierta la mezcla de leche en el tazón de ingredientes secos y mezcle hasta que estén combinados, asegurándose de no mezclar demasiado.

5. Incorporar las claras. Sea cuidadoso al incorporar.

6. Coloque una sartén antiadherente a fuego medio-alto. Agregue un poco de mantequilla y permita que se derrita. Gire la sartén para esparcir la mantequilla.

7. Vierta aproximadamente ¼ de taza de la masa en la sartén. Esparce algunos arándanos encima. Pronto se verán burbujas en la parte superior del panqueque.

8. Una vez que el lado inferior esté dorado, dé la vuelta al panqueque y cocine el otro lado. Retire el panqueque en un plato y sírvalo con compota de manzana.

9. Repita los pasos 6 a 8 y prepare los otros panqueques de manera similar.

Tortilla de Col Rizada y Queso Feta

Tiempo de preparación: 10 minutos

Tiempo de cocción: 30 minutos

Cantidad de porciones: 2 – 3

Ingredientes:

- 4 huevos, batidos ligeramente
- 2 onzas de queso feta, desmigado
- 1 cucharadita de eneldo seco
- ½ cucharadita de mantequilla
- 1 ½ taza de col rizada fresca
- 1 cucharada de crema espesa
- Sal al gusto

Instrucciones:

1. Mezcle los huevos, el queso feta, el eneldo, la col rizada, la crema y la sal en un tazón.

2. Coloque una sartén pequeña para horno a fuego medio.

3. Agregue mantequilla. Cuando la mantequilla se derrita, vierta la mezcla de huevo en la sartén. Extienda la col rizada de manera uniforme.

4. Cocine durante aproximadamente 3 a 4 minutos, sin mezclar. Apague el fuego.

5. Hornee en un horno precalentado a 350° F hasta que los huevos estén listos.

6. Deje enfriar durante unos minutos. Cortar en gajos y servir.

Wrap Detox de Perejil

Tiempo de preparación: 10 minutos

Tiempo de cocción: 2 minutos

Cantidad de porciones: 4

Ingredientes:

- 4 tazas de perejil fresco finamente picado
- 12-15 tomates cherry, en cuartos
- 1 pepino, cortado en cubitos
- 2 cucharaditas de aceite de oliva extra virgen
- 2 aguacates maduros, pelados, sin hueso y en cubos
- Sal al gusto
- 1 taza de semillas de girasol crudas
- Jugo de 2 limas
- 4 tortillas de trigo integral

Instrucciones:

1. Agregue el perejil, los tomates, el pepino, el aceite, los aguacates, la sal, las semillas de girasol y el jugo de lima en un tazón y mezcle bien.

2. Caliente las tortillas siguiendo las instrucciones del paquete.

3. Divida la mezcla entre las tortillas. Enrolle las tortillas y colóquelas con la costura hacia abajo.

4. Sirva.

Wrap de Carne Asada

Tiempo de preparación: 10 minutos

Tiempo de cocción: 2 minutos

Cantidad de porciones: 4

Ingredientes:

- 1 taza de queso ricotta semidescremado
- 1 cucharadita de ralladura de limón
- ½ cucharadita de ajo picado
- 4 tortillas de trigo integral
- 12 onzas de rosbif, magro, en rodajas finas
- 2/3 - 1 taza de perejil picado
- 4 cucharaditas de jugo de limón fresco
- Sal al gusto
- 2 pimientos rojos, en rodajas finas

Instrucciones:

1. Agregue perejil, ricotta, sal, ajo, jugo de limón y ralladura en un tazón y mezcle bien.

2. Caliente las tortillas siguiendo las instrucciones del paquete.

3. Divida la mezcla entre las tortillas. Envuelva como un burrito.

4. Sirva.

Curry de Garbanzo, Quinoa y Cúrcuma

Tiempo de preparación: 10 minutos

Tiempo de cocción: 45 minutos

Cantidad de porciones: 3

Ingredientes:

- 8.8 onzas de papas frescas, cortadas a la mitad
- 1 ½ cucharadita de cúrcuma molida
- ½ cucharadita de hojuelas de chile
- ½ cucharadita de cilantro molido
- ½ cucharadita de jengibre molido
- 1 taza de leche de coco
- ½ lata (de una lata de 14.1 onzas) de garbanzos, escurridos, enjuagados
- 2 dientes de ajo machacados
- ½ cucharada de puré de tomate
- Sal al gusto
- ½ manojo de col rizada, descartar los tallos duros y las costillas, en rodajas
- Pimienta al gusto
- 3.2 onzas de quinoa
- 5 onzas de agua caliente

Instrucciones:

1. Cocine las patatas en una cacerola con agua hasta que estén tiernas. Escurrir y colocar en una sartén.

2. Agregue la leche de coco, el puré de tomate, los tomates y todas las especias junto con la sal y mezcle.

3. Coloque la sartén a fuego alto. Cuando comience a hervir, agregue la quinoa y el agua caliente.

4. Cocine tapado a fuego lento, hasta que se haya absorbido la mitad del líquido de la sartén. Mezcle con frecuencia.

5. Agregue los garbanzos. Continúe cocinando tapado, mezclado con frecuencia.

6. Cuando esté casi seco, agregue la col rizada y mezcle. Continúe cocinando tapado, hasta que se seque.

7. Apague el fuego y déjelo reposar durante 5 minutos. Mezcle con un tenedor y sirva.

Capítulo 7: Meriendas

Granola de Trigo Sarraceno

Tiempo de preparación: 10 minutos

Tiempo de cocción: 20 – 25 minutos

Cantidad de porciones: 8 – 10

Para la granola:

- ¾ taza de granos de trigo sarraceno
- ½ taza de nueces picadas o cualquier otra nuez de su elección
- ¾ taza de hojuelas de avena sin gluten
- ¼ de taza de hojuelas de coco sin azúcar
- 1 ½ cucharada de azúcar de coco o edulcorante de su elección
- ½ cucharadita de canela molida
- ¼ de taza de jarabe de arce o al gusto
- 3 cucharadas de arándanos secos o chispas de chocolate amargo
- 1 cucharada de semillas de chía
- ¼ de cucharadita de sal marina

- 2 cucharadas de aceite de coco o de aguacate o de oliva
- 1 ½ cucharada de mantequilla de nueces o mantequilla de semillas (opcional)

Instrucciones:

1. Combine los granos de trigo sarraceno, coco, azúcar de coco, canela, avena, semillas de chía y sal en un bol.

2. Caliente el aceite y el jarabe de arce a fuego medio, hasta que estén bien combinados y suaves.

3. Agregue la mantequilla de nueces si la usa. Apagar el fuego y rociar sobre la mezcla de trigo sarraceno.

4. Mezcle hasta que esté bien combinado.

5. Transfiera la mezcla a una bandeja para hornear y extiéndala uniformemente.

6. Hornee en un horno precalentado a 325° F hasta que esté cocinado, fragante y dorado, aproximadamente de 20 a 25 minutos. Mezcle después de aproximadamente 10 a 12 minutos de horneado.

7. Déjelo enfriar unos minutos. Agregue los arándanos si lo prefiere y mezcle. Si desea agregar chocolate, déjelo enfriar a temperatura ambiente antes de agregarlo.

8. Una vez enfriado, transfiéralo a un recipiente hermético. Puede durar aproximadamente 2 semanas.

9. Servirlo con frutas y leche para convertirlo en un desayuno abundante.

Bolitas Energéticas Veganas de Chocolate y Coco

Tiempo de preparación: 20 minutos

Tiempo de cocción: 0 minutos

Cantidad de porciones: 10

Ingredientes:

- 1/3 taza de almendras
- 1 cucharada de semillas de lino molidas
- 2/3 taza de avena
- 2 cucharadas de aceite de coco sin refinar, derretido
- ¼ de taza de cacao en polvo sin azúcar
- 1/8 cucharadita de sal marina fina
- 8 onzas de dátiles medjool, sin hueso, remojados en agua si están duros
- 2 cucharadas de coco finamente rallado

Instrucciones:

1. Pique finamente las almendras en un procesador de comida. Mezclar la sal, el cacao, la avena y las semillas de lino hasta que estén bien combinados.

2. Posteriormente colocar el aceite y los dátiles. Licue hasta que esté bien combinado. La mezcla debe unirse al presionarla. Si se desmorona, agregue más aceite y licue. Si está muy pegajoso, agregue un poco de avena y vuelva a licuar hasta que esté bien combinado.

3. Prepare una bandeja para hornear forrándola con papel pergamino.

4. Divida la mezcla en 10 porciones iguales. Darles forma de bolitas. Colocarlas en coco, una a la vez. Presione ligeramente para adherir. Colocar en la bandeja para hornear.

5. Deje enfriar durante una hora. Transfiera a un recipiente hermético y refrigere hasta su uso. Puede durar de 10 a 12 días.

Barras de Dulce de Azúcar de Té Verde Matcha Saludables

Tiempo de preparación: 20 minutos

Tiempo de cocción: 0 minutos

Cantidad de porciones: 6

Ingredientes:

- ¼ taza de mantequilla de almendras tostadas
- ¾ cucharadita de extracto de stevia con sabor a crema de vainilla
- ½ taza + 2 cucharadas de proteína de arroz integral con vainilla en polvo
- 1 cucharada de matcha en polvo
- ½ taza + 1 cucharada de leche de almendras y vainilla sin azúcar
- ½ cucharadita de extracto de almendras
- 1/3 taza de harina de avena
- Una pizca de sal

Instrucciones:

1. Prepare una bandeja pequeña y cuadrada forrándola con papel pergamino.

2. Agregue mantequilla de almendras, stevia, proteína en polvo, matcha en polvo, leche, extracto de almendras, harina de avena y sal en un bol. Batir con

una batidora de mano eléctrica hasta que esté bien incorporado y espeso, como dulce de azúcar.

3. Coloque la mezcla en el molde para hornear preparado. Extiéndalo uniformemente con una espátula. Cubra con papel film. Asegúrese de que esté bien cubierto. Deje enfriar de 7 a 8 horas.

4. Cortar en 6 barras iguales y servir. Guarde el resto en un recipiente hermético en el refrigerador.

Bocaditos Sirtfood

Tiempo de preparación: 10 minutos

Tiempo de cocción: 0 minutos

Cantidad de porciones: 8 – 10

Ingredientes:

- ½ taza de nueces
- 4.5 onzas de dátiles medjool, sin hueso
- ½ cucharada de cúrcuma en polvo
- ½ cucharadita de extracto de vainilla
- ½ onza de chocolate amargo, picado
- ½ cucharada de cacao en polvo
- ½ cucharada de aceite de oliva extra virgen
- ½ - 1 cucharada de agua

Instrucciones:

1. Agregue las nueces y el chocolate amargo en el tazón del procesador de alimentos y mezcle hasta que estén finamente pulverizados.

2. Agregue los dátiles, la cúrcuma en polvo, la vainilla, el cacao y el aceite y procese hasta que estén bien incorporados.

3. Si la mezcla se pega y no se desmorona, transfiera la mezcla a un tazón. De lo contrario, agregue ½ cucharada de agua y procese hasta que esté bien combinado. Si la mezcla no se junta, agregue un poco más de agua y procese hasta que esté bien combinada.

4. Divida la mezcla en 8 - 10 porciones iguales y forme bolitas. Colocar en un recipiente hermético y enfriar hasta su uso. Puede conservarse una semana.

Bocaditos Energéticos de Cereza con Chocolate Amargo

Tiempo de preparación: 5 minutos

Tiempo de cocción: 25 minutos

Cantidad de porciones: 7 – 8

Ingredientes:

- ½ taza de almendras
- ¼de taza de cerezas secas
- 1/8 cucharadita de canela en polvo
- ¼ de taza de bocaditos de chocolate amargo
- 1 taza de dátiles sin hueso
- Una pizca de sal marina

Instrucciones:

1. Coloque las almendras en el procesador de alimentos y procese hasta que estén picadas en trozos un poco más pequeños.

2. Agregue el chocolate, las cerezas, los dátiles, la sal y la canela y procese hasta lograr la textura deseada.

3. Transfiera a un bol. Divida la mezcla en 7-8 porciones iguales y forme bolitas.

4. Transfiera a un recipiente hermético y refrigere hasta su uso. Puede conservarse una semana.

Chips de Col Rizada con Queso Recubiertos de Girasol

Tiempo de preparación: 1 hora and 15 minutos

Tiempo de cocción: 25 minutos

Cantidad de porciones: 3

Ingredientes:

- 1 manojo grande de col rizada, descarte los tallos duros y el centro, cortados en trozos pequeños

Para la cobertura de girasol:

- Sal al gusto
- ½ cucharada de jugo de limón
- ¼ de cucharadita de cúrcuma en polvo
- Una pizca de pimienta de cayena o al gusto
- ½ taza de semillas de girasol crudas
- 2 cucharadas de levadura nutricional o más al gusto
- 2 cucharadas de agua o más si es necesario

Instrucciones:

1. Prepare una bandeja para hornear grande forrándola con papel pergamino.
2. Coloque las semillas de girasol en un bol. Vierta agua hirviendo sobre él. Dejar reposar durante una hora.
3. Escurrir y transferir a una licuadora. Agregue jugo de limón, cúrcuma, cayena, levadura nutricional, sal y agua y mezcle hasta obtener una textura suave. Agregue más sal y pimienta de cayena después de probar, si lo desea.
4. Vierta en un tazón grande.

5. Coloque una hoja de papel pergamino en una bandeja para hornear.

6. Seque bien la col rizada con una centrifugadora para ensaladas. Si no tiene una centrifugadora para ensaladas, seque con toallas de papel.

7. Agregue la col rizada en el tazón de la mezcla de girasol y mezcle hasta que la col rizada esté bien cubierta con la mezcla, usando sus manos.

8. Coloque la col rizada en la bandeja para hornear. Extiéndalo en una sola capa. Use más bandejas para hornear si es necesario u hornee en lotes.

9. Hornee los chips de col rizada en un horno precalentado a 225° F, aproximadamente 20 minutos o hasta que estén crujientes. Mezcle después de aproximadamente 12 a 15 minutos de horneado.

10. Deje enfriar completamente y sirva de inmediato.

Muffins de Quinoa y Col Rizada

Tiempo de preparación: 10 minutos

Tiempo de cocción: 40 minutos

Cantidad de porciones: 4

Ingredientes:

- Aceite de oliva, para engrasar
- 2 dientes de ajo pequeños, pelados y picados
- 2 huevos grandes
- 1.75 onzas de almendras molidas
- 2 cucharadas de chalota picada
- Un puñado de col rizada, descarte los tallos duros y el centro, finamente picado
- 3.5 onzas de quinoa sobrante cocida

- Pimienta al gusto
- 2 - 3 cucharadas de queso feta desmigado
- Sal al gusto

<u>Para servir:</u>

- ½ aguacate maduro, pelado, sin hueso, triturado
- Cebollino picado
- Pimienta al gusto
- Sal al gusto

Instrucciones:

1. Prepare 4 moldes para muffins forrándolos con forros de papel desechables. Unte aceite de oliva sobre los revestimientos.

2. Batir los huevos en un bol, agregar sal y pimienta. Agregue la chalota, la col rizada, las almendras, el ajo, la quinoa y el queso feta.

3. Divida la mezcla en partes iguales en los moldes para muffins.

4. Hornee los muffins en un horno precalentado a 350° F, durante aproximadamente 20 a 25 minutos.

5. Mientras tanto, agregue el aguacate, las cebolletas, la sal y la pimienta en un tazón y mezcle bien. Cubra y deje reposar por un tiempo.

6. Cuando los muffins estén cocidos, retírelos del horno y déjelos enfriar un tiempo.

7. Retire el muffin de las tazas. Unte la mezcla de aguacate encima y sirva.

Gelatina de Café y Queso Mascarpone

Tiempo de preparación: 20 minutos

Tiempo de cocción: 15 minutos

Cantidad de porciones: 4

Ingredientes:

- 4-6 láminas de gelatina natural
- 8.8 onzas de queso mascarpone
- 2 tazas de café preparado
- Edulcorante de su elección al gusto
- 4 claras de huevo

Instrucciones:

1. Remoje las láminas de gelatina en agua durante unos minutos, hasta que prepare el café.

2. Prepare café como lo hace habitualmente. Agregue edulcorante y mezcle. Déjelo enfriar un rato.

3. Deseche el agua del bol de láminas de gelatina. Secar.

4. Vuelva a colocar la gelatina en el bol. Vierta café encima. Enfriar por un par de horas.

5. Mientras tanto, bata las claras de huevo hasta que se formen picos rígidos.

6. Incorporar el queso mascarpone. Dividir en 4 tazas. Vierta el café con gelatina frío sobre la mezcla de queso.

7. Sirva.

Bocaditos Energéticos de Coco y Lima

Tiempo de preparación: 10 minutos

Tiempo de cocción: 0 minutos

Cantidad de porciones: 3 (3 bocaditos por porción)

Ingredientes:

- ¼ de taza de anacardos
- ¼ de taza de almendras
- Ralladura de limones de 1 ½ taza
- Jugo de 1 ½ limones
- ¾ taza de dátiles deshuesados
- ¼ de taza de coco desecado

Instrucciones:

1. Agregue las nueces en el tazón del procesador de alimentos y mezcle lentamente hasta que estén finamente picados.

2. Agregue los dátiles, el jugo de lima y la ralladura de lima y mezcle hasta que estén bien combinados y la mezcla se incorpore cuando la mezcle.

3. Divida la mezcla en 6 porciones iguales y forme bolitas.

4. Colocar los bocaditos en coco y colocar en un recipiente hermético. Refrigere hasta su uso. Puede conservarse una semana.

Bolitas de Queso con Hierbas

Tiempo de preparación: 10 minutos

Tiempo de cocción: 0 minutos

Cantidad de porciones: 8 - 10

Ingredientes:

- 2 paquetes (8 onzas cada uno) de queso crema
- ¼ taza de perejil fresco picado
- 4 cucharaditas de hierbas secas mixtas (mezcla de perejil, romero y tomillo)
- ¼ - ½ taza de queso azul desmigado
- 4 cucharaditas de tomillo seco, para decorar
- Galletas saladas variadas para servir (opcional)
- 2 cucharadas de nueces finamente picadas

Instrucciones:

1. Agregue el queso crema y el queso azul en un tazón y déjelo a un lado para que se ablanden durante unos 45 minutos.

2. Batir a velocidad baja con una batidora de mano eléctrica hasta que quede suave, ligero y cremoso.

3. Agregue las hierbas secas y el perejil y mezcle bien.

4. Cubra el recipiente con una envoltura de plástico y enfríe durante 3 a 4 horas o hasta que se le forme una bolita.

5. Forme una bola grande con la mezcla de queso. Coloque el tomillo y las nueces en un plato y mezcle. Colocar en la mezcla de tomillo.

6. Cubra y enfríe durante al menos un par de horas.

7. Cortar y servir tal cual o con galletas.

Palitos de "Pescado" de Tofu Vegano

Tiempo de preparación: 30 minutos

Tiempo de cocción: 40 minutos

Cantidad de porciones: 8 - 12

Ingredientes:

- 4 bloques de tofu firme o extra firme
- 4 cucharadas de salsa de soya
- 2 tazas de pan rallado
- 2 cucharaditas de pimienta con limón
- ½ taza de leche de soya
- 4 cucharadas de jugo de limón
- 4 cucharadas de alga nori desmenuzada
- Harina, según sea necesario
- Sal al gusto

Instrucciones:

1. Para preparar el tofu: Coloque el tofu sobre capas de toallas de papel. Coloque más toallas encima del tofu.

2. Coloque algo pesado sobre el tofu. Dejar así por 20 minutos. Cortar el tofu en tiras como si fueran palitos.

3. Prepare una bandeja para hornear forrándola con papel pergamino.

4. Coloque el pan rallado en un recipiente poco profundo.

5. Drene el tofu en harina y colóquelo en una bandeja.

6. Combine la leche de soya, la sal, el jugo de limón y la salsa de soya en un segundo tazón poco profundo.

7. Combine el pan rallado, la pimienta de limón y el nori en un tercer tazón poco profundo.

8. Sumerja el tofu en la mezcla de leche de soja, uno a la vez. Sacuda el exceso de mezcla de leche y sumerja en la mezcla de pan rallado y colóquela en la bandeja para hornear.

9. Hornee el tofu en un horno precalentado a 375° F, durante aproximadamente 45 minutos o hasta que esté crujiente y dorado.

Rawies Sin Hornear

Tiempo de preparación: 10 minutos

Tiempo de cocción: 0 minutos

Cantidad de porciones: 15

Ingredientes:

- 7 onzas de dátiles deshuesados
- 3 cucharadas de cacao
- ½ cucharadita de canela molida
- ½ taza de coco desecado
- 1/3 taza de almendras tostadas
- 1 cucharadita de extracto de vainilla

Para adornar:

- 15 almendras tostadas

Instrucciones:

1. Agregue los dátiles, el cacao, la canela, el coco, las almendras y la vainilla en el tazón del procesador de alimentos y mezcle hasta que estén bien combinados.

2. Dividir la mezcla en 15 porciones iguales y formar bolitas.

3.Coloque una almendra en cada bolita y presione para adherir y aplanar.

4.Colocar en un recipiente hermético y refrigerar hasta su uso. Puede conservarse 15 días.

Brucheta de Tomate

Tiempo de preparación: 10 minutos

Tiempo de cocción: 15 minutos

Cantidad de porciones: 8

Ingredientes:

- 1 ½ libras de tomates frescos, cortados en cubitos
- 6 dientes de ajo, finamente picados
- 4 cucharadas de aceite de oliva extra virgen
- Pimienta al gusto
- Sal al gusto
- 1 cebolla mediana, finamente picada
- 2 cucharadas de albahaca fresca picada
- 2 cucharadas de perejil fresco picado

Instrucciones:

1. Agregue los tomates, el ajo, el aceite, los condimentos, la cebolla y las hierbas en un tazón y mezcle bien.

2. Cubra y enfríe durante un par de horas.

3. Mezcle bien y sirva tal cual o sobre rebanadas de pan integral tostadas.

Bloques de Hielo de Fresa y Coco

Tiempo de preparación: 5 minutos

Tiempo de cocción: 0 minutos

Cantidad de porciones: 6

Ingredientes:

- 1 ½ tazas de fresas picadas
- Agua de coco, según sea necesario

Instrucciones:

1. Tome 6 moldes para paletas y agregue ¼ de taza de fresas en cada uno.

2. Vierta suficiente agua de coco para llenar los moldes hasta un poco más de ¾. Inserte los palitos de paleta y congele hasta que estén firmes.

3. Sumerja los moldes para paletas heladas en agua tibia durante unos 15 segundos. Retirar de los moldes y servir.

Bloques de Hielo de Batido de Bayas

Tiempo de preparación: 5 minutos

Tiempo de cocción: 0 minutos

Cantidad de porciones: 12

Ingredientes:

- 12 fresas, cortadas a la mitad
- ½ taza de arándanos congelados
- ½ taza de frambuesas congeladas
- 1 1/3 taza de jugo de naranja

Instrucciones:

1. Agregue el jugo de naranja y todas las bayas en una licuadora.

2. Mezclar hasta que quede suave.

3. Vierta en moldes para paletas heladas. Inserte los palitos de paleta y congele hasta que estén firmes.

4. Sumerja los moldes para paletas heladas en agua tibia durante unos 15 segundos. Retirar de los moldes y servir.

Mezcla de Frutos Secos Superalimentos

Tiempo de preparación: 5 minutos

Tiempo de cocción: 0 minutos

Cantidad de porciones: 16

Ingredientes:

- 1 taza de almendras enteras
- 1 taza de pistachos enteros
- 1 taza de nueces cortadas a la mitad
- 1 taza de nueces de Brasil enteras
- 1 taza de arándanos secos
- 1 taza de bayas de goji
- 1 taza de trozos de chocolate amargo o semillas de cacao
- ½ taza de chips de coco, tostados

Instrucciones:

1. Mezcle todas las nueces, bayas, chispas de chocolate y chispas de coco en un recipiente hermético.

2. Almacenar. Puede conservarse 2 semanas.

Capítulo 8: Vegetariano

Tortilla de Vegetales

Tiempo de preparación: 6 – 8 minutos

Tiempo de cocción: 10 – 12 minutos

Cantidad de porciones: 2

Ingredientes:

- 4 huevos, preferiblemente
- 1 cebolla pequeña, picada
- Pimienta al gusto
- 2 puñados de hojas frescas de col rizada, deseche los tallos duros el centro o utilice col rizada, picada
- 4 cucharadas de aceite de oliva, divididas
- 1 pimiento rojo mediano, picado
- Sal al gusto

Instrucciones:

1. Coloque una sartén a fuego medio-alto. Agregue 2 cucharadas de aceite de oliva. Cuando el aceite esté caliente, agregue la cebolla y el pimiento y cocine por un par de minutos. Agregue la col rizada y cocine por un par de minutos más.

2. Apague el fuego. Transfiera la mezcla de verduras a un tazón.

3. Agregue los huevos en otro bol y bata bien.

4. Coloque la sartén a fuego medio.

5. Agregue 1 cucharada de aceite y dejar que se caliente.

6. Vierta la mitad de los huevos en la sartén. Gire la sartén para esparcir el huevo. Cuando la tortilla esté ligeramente cocida, esparza la mitad de la mezcla de verduras sobre la mitad de la tortilla. Doble la otra mitad de la tortilla sobre el relleno.

7. Retire con cuidado la tortilla en un plato y sírvala de inmediato.

8. . Repita los pasos 5 - 7 y prepare la otra tortilla.

Salteado de Col Rizada con Tofu Crujiente al Curry

Tiempo de preparación: 15 minutos

Tiempo de cocción: 15 minutos

Cantidad de porciones: 4

Ingredientes:

Para el tofu crujiente al curry:

- 2 bloques (7 onzas cada uno) de tofu firme, cortados en cubos de 1 pulgada
- 2 cucharadas de salsa de soya

- 3 cucharaditas de curry en polvo
- ½ col rizada, en rodajas finas
- Aceite de oliva según sea necesario

Para el salteado:

- 8 hojas grandes de col rizada, descarte los tallos duros y el centro, en rodajas finas
- 2 dientes de ajo, pelados y picados
- 4 cucharadas de salsa de soya
- 2 zanahorias, en rodajas finas
- 2 pulgadas de jengibre fresco, pelado y picado
- 4 porciones de fideos integrales
- Aceite de oliva, según sea necesario

Instrucciones:

1. Combine 1 ½ cucharadita de curry en polvo y salsa de soya en un tazón.

2. Agregue el tofu. Asegúrese de que el tofu esté bien cubierto con la mezcla de salsa. Cubra y deje reposar por 15 minutos.

3. Siga las instrucciones del paquete y cocine los fideos.

4. Coloque 2 sartenes con un poco de aceite en cada uno, a fuego medio en 2 quemadores diferentes en su estufa.

5. Agregue el tofu en una sartén y cocine hasta que esté completamente dorado. Revuelva con frecuencia. Retire el tofu con una espumadera y colóquelo en un plato forrado con toallas de papel.

6. Simultáneamente, agregue el jengibre y el ajo en la otra sartén y cocine por unos segundos hasta que estén fragantes.

7. Agregue la col rizada y el repollo, cocinando hasta que estén ligeramente blandas.

8. Agregue la zanahoria y la salsa de soya y cocine por un par de minutos.

9. Divida los fideos en 4 platos. Divida las verduras salteadas sobre los fideos. Esparcir tofu encima y servir de inmediato.

Cena de Col Rizada, Semilla de Calabaza y Papa

Tiempo de preparación: 15 minutos

Tiempo de cocción: 15 minutos

Cantidad de porciones: 8

Ingredientes:

- 1 libra de papas, peladas y cortadas en cubos del tamaño de un bocado
- 2 pimientos morrones verdes, picados en trozos cuadrados de 1 pulgada
- 2 pimientos morrones anaranjados, picados en trozos cuadrados de 1 pulgada
- 2 berenjenas grandes, en rodajas
- 2 cebollas rojas grandes, en rodajas
- 7 onzas de col rizada, en rodajas
- 10.5 onzas de espinacas tiernas
- 4 zanahorias grandes, cortadas en palitos
- 1 lata (28 onzas) de tomates ciruela
- ½ taza de aceite de oliva
- 2 cubos de caldo de verduras
- ¼ de taza de semillas de calabaza molidas
- 2 cucharaditas de sal marina o al gusto

Instrucciones:

1. Licue los tomates ciruela en una licuadora hasta que queden suaves.

2. Sazone la berenjena con un poco de sal y sumérjala en un recipiente con agua caliente durante un par de minutos. Enjuague bien.

3. Coloque una olla a fuego medio. Agregar el aceite. Cuando el aceite esté caliente, agregue las papas y cocine durante 8 a 10 minutos, mezclando ocasionalmente.

4. Agregue las zanahorias y la berenjena y cocine durante unos 2 minutos. Agregue los pimientos morrones, las semillas de calabaza y los tomates ciruela. Mezcle ocasionalmente y cocine durante aproximadamente 6 a 7 minutos.

5. Deshacer los cubos de caldo de verduras y agregar a la olla junto con sal al gusto. Cocine tapado, a fuego lento hasta que las patatas estén tiernas. Mezcle de vez en cuando.

6. Agregue la col rizada y cocine de 3 a 4 minutos. Alejar del calor.

Risotto Primavera de Trigo Sarraceno

Tiempo de preparación: 8 - 9 horas

Tiempo de cocción: 20 - 25 minutos

Cantidad de porciones: 2

Ingredientes:

- ½ taza de caldo de verduras
- ½ manojo de espárragos grandes, cortados por la mitad, recortar los extremos duros
- ½ cebolla morada pequeña, finamente picada
- ½ cucharada de hierbas italianas secas

- Jugo de ½ limón
- Ralladura de ½ limón
- 1 cucharada de levadura nutricional
- Pimienta al gusto
- 1 taza de espinaca picada
- Aceite de oliva virgen extra, para rociar
- 1 cucharada de aceite de oliva
- 1 diente de ajo, pelado y picado
- 4.4 onzas de trigo sarraceno, remojado en agua durante la noche, escurrido, enjuagado
- ½ cucharada de vinagre de sidra de manzana
- ¼ taza de guisantes frescos o congelados, descongelar si están congelados
- 1 taza de mezcla de perejil fresco, albahaca y orégano + extra para decorar
- Sal al gusto

Instrucciones:

1. Hervir el caldo en una cacerola. Bajar el fuego y dejarlo hervir a fuego lento.

2. Coloque una sartén a fuego medio. Agregue ½ cucharada de aceite. Cuando el aceite esté caliente, agregue los espárragos y cocine hasta que estén crujientes y tiernos.

3. Saque los espárragos de la sartén y colóquelos en un plato.

4. Agregue ½ cucharada de aceite en la sartén. Una vez que el aceite esté caliente, agregue la cebolla y el ajo y saltee hasta que la cebolla se torne transparente.

5. Agregue el trigo sarraceno, el vinagre de sidra de manzana, las hierbas secas y el jugo de limón.

6. Una vez bien, combinado, agregue el caldo hirviendo y mezcle bien. Cuando se absorba el caldo, agregue un poco más de caldo y repita este proceso de agregar caldo hasta que se agregue por completo, asegurándose de que el caldo se absorba cada vez, antes de agregar más.

7. Cuando el trigo sarraceno esté bien cocido, agregue las espinacas y los guisantes y mezcle bien. Cocine por un par de minutos.

8. Agregue hierbas frescas, levadura nutricional, ralladura de limón, pimienta y sal. Mezclar bien.

9. Para servir: Divida el risotto en tazones. Coloque los espárragos encima. Vierta un poco de aceite de oliva extra virgen encima. Adorne con algunas hierbas frescas y sirva.

Salteado de Tofu Glaseado con Miso y Sésamo

Tiempo de preparación: 25 minutos

Tiempo de cocción: 25 – 30 minutos

Cantidad de porciones: 4

Ingredientes:

- 4 cucharadas de mirin
- 1.1 libras de tofu, cortado en trozos y posteriormente en triángulos
- 2 cebollas rojas, en rodajas finas
- 4 chiles ojo de pájaro, sin semillas si lo desea, finamente picados
- 4 cucharaditas de jengibre picado
- 8 cucharaditas de semillas de sésamo
- 2 tazas de agua

- 8 cucharaditas de aceite de oliva extra virgen
- 4 cucharadas de pasta de miso marrón
- 2 ramas de apio, recortadas y finamente picadas
- 2 calabacines, en rodajas finas
- 4 dientes de ajo, pelados y finamente picados
- 2 ½ tazas de col rizada picada
- 1 taza de harina de trigo sarraceno o fideos de trigo sarraceno
- 4 cucharaditas de cúrcuma en polvo
- 4 cucharaditas de salsa de soya o tamari

Instrucciones:

1. Prepare un sartén para hornear forrándolo con papel pergamino.

2. Combine el miso y el mirin en un tazón grande. Agregue el tofu y mezcle hasta que el tofu esté bien cubierto con la mezcla. Dejar marinar durante 20 minutos.

3. Transfiera el tofu al sartén para hornear y extiéndalo uniformemente. Esparcir semillas de sésamo sobre el tofu.

4. Hornee el tofu en un horno precalentado a 400° F, durante aproximadamente 15 a 20 minutos para que se dore.

5. Mientras tanto, hierva agua en una cacerola con cúrcuma y sal, a fuego alto.

6. Cuando el agua comience a hervir, agregue el trigo sarraceno y cocine hasta que hierva.

7. Bajar el fuego y cocinar tapado hasta que se seque. Apagar el fuego y reservar.

8. Si está usando fideos de trigo sarraceno, cocine los fideos siguiendo las instrucciones del paquete y agregue la cúrcuma en el paso 11.

9. 5 minutos antes de sacar el tofu del horno, coloque una sartén a fuego medio-alto.

10. Añadir aceite y dejar calentar. Agregue la cebolla y cocine por un minuto.

11. Agregue el jengibre, el ajo, el apio, el calabacín y el chile ojo de pájaro y mezcle bien. Una vez que la mezcla se vuelva fragante (en aproximadamente un minuto), baje la llama a fuego medio. Cocine hasta que las verduras estén tiernas.

12. Agregue la col rizada y el tamari y cocine hasta que la col se marchite.

13. Sirva el tofu con verduras y trigo sarraceno.

Sándwich Vegetariano

Tiempo de preparación: 15 minutos

Tiempo de cocción: 0 minutos

Cantidad de porciones: 2

Ingredientes:

- 4 rebanadas de pan integral
- 4 hojas de lechuga romana
- ½ taza de pimientos rojos en rodajas finas
- 1 cebolla morada mediana, cortada en rodajas finas
- 1 pepino pequeño, en rodajas finas
- 4 cucharaditas de semillas de calabaza
- Sal al gusto
- 4 cucharadas de hummus
- ½ taza de microverduras
- 2 cucharadas de zanahorias ralladas
- ½ manzana grande, sin corazón, en rodajas finas
- 4 cucharaditas de semillas de calabaza

- Pimienta al gusto

Instrucciones:

1. Unte hummus en un lado de cada una de las rebanadas de pan.

2. Coloque 2 hojas de lechuga en 2 de las rebanadas de pan.

3. Coloque rodajas de cebolla, rodajas de pepino, rodajas de pimiento rojo y manzana sobre la lechuga. Esparcir microverduras, zanahorias y semillas de calabaza. Coloque una hoja de lechuga encima de cada pila.

4. Cubra con las 2 rebanadas de pan restantes, con el lado del hummus hacia abajo.

Sándwiches de Ricotta con Zanahorias, Col Rizada y Pesto de Nueces y Perejil

Tiempo de preparación: 20 – 25 minutos

Tiempo de cocción: 30 minutos

Cantidad de porciones: 4

Ingredientes:

Para las zanahorias:

- 2 tazas de zanahorias en rodajas finas
- 1 cucharada de jarabe de arce
- 4 cucharadas de aceite de oliva
- Sal al gusto

Para la ricotta:

- 2 tazas de ricotta
- Sal al gusto
- 1 cucharadita de ralladura de limón
- Hojuelas de chile, al gusto

Para la vinagreta:

- ½ taza de aceite de olive
- ½ taza de aceite de canola
- ½ taza de jarabe de arce
- ½ taza de vinagre de jerez
- 2 chalotes pequeños, finamente picados

Para pesto de nueces y perejil:

- 2 manojos de perejil
- 2 tazas de queso parmesano
- 2 cucharadas de jugo de limón
- 2/3 taza de nueces, tostadas si es necesario
- Aceite de oliva, según sea necesario
- Sal al gusto

Para servir:

- 4 manojos de hojas de col rizada, rasgadas
- 8 rebanadas de pan integral

Instrucciones:

1. Para asar las zanahorias: combine las zanahorias, la sal, el jarabe de arce y el aceite en una bandeja para hornear forrada con papel pergamino y extiéndalo uniformemente, en una sola capa.

2. Hornee las zanahorias en un horno precalentado a 360° F, durante aproximadamente 25 a 30 minutos o hasta que estén tiernas.

3. Para la ricota: combine la ralladura de limón, la ricota, las hojuelas de chile y la sal en un tazón. Cubra y reserve en el refrigerador hasta su uso.

4. Para el pesto: agregue nueces, jugo de limón y perejil en el tazón del procesador de alimentos y procese hasta que estén bien combinados.

5. Con el procesador de alimentos en funcionamiento, vierta el aceite hasta que quede suave y tenga la consistencia deseada.

6. Vierta en un bol y refrigere hasta su uso.

7. Para la vinagreta: agregue vinagre, jarabe de arce, aceite y chalota en un frasco de vidrio pequeño. Cierre la tapa y agite el frasco vigorosamente hasta que esté bien combinado. Refrigere hasta su uso.

8. Para servir: Tostar las rebanadas de pan al punto de cocción deseado.

9. Agregue la col rizada en un tazón y vierta la cantidad requerida de aderezo sobre ella. Refrigere el resto y úselo en algunas ensaladas.

10. Unte el pesto en 4 de las rebanadas de pan y déjelo a un lado.

11. Unte una generosa cantidad de ricotta sobre las otras 4 rebanadas de pan. Coloque rodajas de zanahoria encima. Unte la col rizada sobre las rodajas de zanahoria.

12. Cubra con las rebanadas de pan restantes, con el lado del pesto hacia abajo.

13. Cortar en la forma deseada y servir.

Estofado Gratinado de Calabaza y Col Rizada

Tiempo de preparación: 15 minutos

Tiempo de cocción: 20 minutos

Cantidad de porciones: 4

Ingredientes:

- 2 tazas de calabaza moscada en rodajas finas, peladas, sin semillas y en rodajas muy finas
- 1 cucharadita de aceite de oliva

- 4 tazas de col rizada picada
- ½ taza de cebolla roja picada
- ¼ de taza de queso gruyere rallado
- Una pizca de nuez moscada molida
- 3 dientes de ajo, picados
- Sal kosher al gusto
- 1/3 taza de leche entera o de coco, dividida
- Pimienta al gusto
- 6 cucharadas de agua o más si es necesario
- ¼ de cucharadita de comino molido
- Una pizca de pimienta de cayena
- 1 cucharada de maicena o harina para todo uso
- ½ taza de pan rallado panko integral
- ½ cucharadita de mantequilla

Instrucciones:

1. Prepare una cazuela pequeña rociando un poco de aceite en aerosol.

2. Coloque una sartén antiadherente a fuego medio-alto. Agregar el aceite. Cuando el aceite esté caliente, agregue la cebolla y el ajo y cocine hasta que estén dorados. Agregue la col rizada y cocine hasta que se marchite. Apagar el fuego.

3. Agregue la maicena y una cucharada de leche en un bol. Vierta la leche restante en una cacerola. Coloque la cacerola a fuego lento. Cuando la leche esté caliente, agregue la mezcla de harina y mezcle constantemente hasta que espese.

4. Agregue el queso, la sal y todas las especias. Cocine hasta que el queso se derrita. Apagar el fuego. Vierta la salsa en la sartén de col rizada y mezcle bien.

5. Coloque una capa de rodajas de calabaza en la cazuela. Extienda la mitad de la mezcla de col rizada sobre la calabaza.

6. Repita el paso anterior una vez más.

7. Espolvoree el pan rallado por encima. Mantenga el plato cubierto con papel de aluminio.

8. Hornear en un horno precalentado a 350° F, durante aproximadamente 30-40 minutos o hasta que se dore por encima.

9. Retirar del horno y enfriar un poco antes de servir.

Chili de Tres Frijoles con Pesto de Primavera

Tiempo de preparación: 10 minutos

Tiempo de cocción: 15 minutos

Cantidad de porciones: 8

Ingredientes:

- ½ taza + 2 cucharadas de aceite de oliva extra virgen, cantidad dividida
- 2 zanahorias, cortadas en cubitos
- Pimienta al gusto
- 1 cebolla morada grande, picada
- 2 latas (de 15.5 onzas cada una) de tomates cortados en cubitos con su líquido
- 2 latas (15.5 onzas cada una) de garbanzos, enjuagados, escurridos
- 2 latas (15.5 onzas cada una) de frijoles, enjuagados, escurridos
- 2 latas (15.5 onzas cada una) de frijoles cannellini, enjuagados y escurridos

- 6 cucharadas de piñones picados
- 2 dientes de ajo pequeños, pelados y picados
- ½ taza de perejil fresco de hoja plana, picado
- Sal al gusto
- 4 tazas de agua
- Pan crujiente para servir (opcional)

Instrucciones:

1. Coloque una olla para sopa a fuego medio-alto. Agregar 2 cucharadas de aceite y esperar hasta que se caliente.

2. Agregue las cebollas y las zanahorias y saltee hasta que las cebollas estén transparentes.

3. Agregue los tomates, el agua, la sal, la pimienta, los garbanzos, los frijoles y los frijoles cannellini y revuelva. Cocinar.

4. Para el pesto de primavera: En un tazón pequeño, mezcle el ajo, ½ taza de aceite, sal, pimienta, piñones y perejil.

5. Servir la sopa en tazones. Divida el pesto de primavera entre los tazones y sírvalo con pan crujiente si lo desea.

Salteado de Verduras Glaseadas con Manzana y Edamame

Tiempo de preparación: 15 minutos

Tiempo de cocción: 30 minutos

Cantidad de porciones: 8

Ingredientes:

- 8 tazas de vegetales en cubos de su elección como calabaza, pimientos, apio, camote, papa o cualquier vegetal favorito de su elección

- 1 cebolla roja grande, cortada en trozos cuadrados de 1 pulgada, separar las capas
- 1 taza de agua
- 1 cucharadita de condimento Old Bay
- ½ taza de café marrón (opcional)
- 1 taza de puré de manzana
- 2 cucharaditas de jengibre molido
- 6 cucharadas de vinagre de vino de arroz o vinagre de sidra de manzana
- 4 cucharadas de salsa de soja o salsa hoisin
- 1 taza de frijoles edamame cocidos
- Sal al gusto
- ½ cucharadita de hojuelas de pimiento rojo
- 1 cucharadita de ajo picado
- Pimienta al gusto
- Aceite en aerosol para cocinar

Instrucciones:

1. Coloque una sartén antiadherente grande o un wok a fuego alto y deje que la sartén se caliente. Engrase la sartén rociando un poco de aceite en aerosol.

2. Agregue la cebolla y el ajo y cocine por un par de minutos. Agregue todas las verduras excepto el edamame y mezcle bien. Cocine tapado, hasta que estén suaves.

3. Agregue agua, condimentos, especias, puré de manzana, vinagre y salsa de soja en un tazón y mezcle. Vierta en la sartén y mezcle hasta que esté bien cubierto.

4. Baje el fuego a medio-bajo y cocine hasta que estén suaves.

5. Agregar el edamame y mezclar. Calentar y servir.

Curry de Col Rizada, Edamame y Tofu

Tiempo de preparación: 15 minutos

Tiempo de cocción: 20 minutos

Cantidad de porciones: 8

Ingredientes:

- 2 cucharadas de aceite de oliva
- 8 dientes de ajo, pelados y rallados
- 2 chiles ojo de pájaro, sin semillas, en rodajas finas
- ½ cucharadita de pimienta de cayena
- 1 cucharadita de comino molido
- 1 cucharadita de cúrcuma en polvo
- 2 cucharaditas de pimentón
- 2 cucharaditas de sal o al gusto
- 1,1 libras de lentejas rojas secas, enjuagadas
- 3.5 onzas de frijoles edamame congelados
- 4 tomates, picados
- 2 manojos de col rizada, descartar los tallos duros y el centro, desgarrados
- 8 tazas de agua hirviendo
- 14 onzas de tofu firme, en cubos
- Jugo de 2 limas

Instrucciones:

1. Coloque una olla pesada a fuego medio-bajo. Agregar el aceite. Cuando el aceite esté caliente, agregue las cebollas y cocine hasta que estén ligeramente suaves. Agregue el jengibre, el ajo y el chile y cocine por unos segundos hasta que esté fragante.

2. Agregue las especias y la sal. Cocine unos segundos más y agregue las lentejas rojas.

---

3. Agregue agua hirviendo y cocine por 10 minutos. Baje el fuego y cocine tapado hasta que las lentejas estén suaves.

4. Agregue el edamame, los tomates y el tofu. Cocine hasta que los tomates estén suaves. Agregue el jugo de limón y la col rizada y cocine hasta que la col se marchite.

5. Sirva caliente sobre arroz o quinoa cocidos calientes o trigo sarraceno.

Fideos Shirataki con Col Rizada y Garbanzos

Tiempo de preparación: 10 minutos

Tiempo de cocción: 10 minutos

Cantidad de porciones: 2

Ingredientes:

- 1 cucharada de aceite de oliva extra virgen
- ½ manojo grande de col rizada, deseche los tallos duros y el centro
- 1 paquete (8 onzas) de fideos shirataki
- Sal al gusto
- 2 dientes de ajo, pelados y picados
- Pimienta recién molida al gusto
- ½ lata (de una lata de 15 onzas) de garbanzos, enjuagados, escurridos
- 2 onzas de hongos shiitake, en rodajas gruesas
- 2 cucharadas de perejil picado
- ¼ de taza de salsa marinara

Instrucciones:

1. Coloque una sartén de hierro fundido a fuego medio. Agregar el aceite y calentar. Una vez que el aceite esté caliente, agregue el ajo y cocine por unos segundos hasta que esté fragante.

2. Agregue la col rizada y cocine por unos minutos hasta que esté blanda.

3. Agregue los garbanzos, los champiñones, los fideos shirataki y la salsa marinara y caliente. Agregue sal y pimienta y mezcle bien.

4. Espolvoree perejil encima y sirva.

Capítulo 9: Cena

Cuscús de Coliflor Especiado con Pollo

Tiempo de preparación: 15 minutos

Tiempo de cocción: 20 minutos

Cantidad de porciones: 2

Ingredientes:

- 2 tazas de floretes de coliflor picados
- Un manojo de perejil fresco de hoja plana
- 2 dientes de ajo, finamente picados
- ½ taza de cebollas rojas finamente picadas
- 2 cucharaditas de jengibre finamente picado
- 1/3 taza de tomates secados al sol
- 2 cucharadas de alcaparras
- 2 pechugas de pollo
- 4 cucharaditas de cúrcuma en polvo
- ½ taza de zanahorias finamente picadas
- 2 chiles ojo de pájaro, finamente picados
- 4 cucharadas de aceite de oliva extra virgen

- Jugo de limón

Instrucciones:

1. Puede picar la coliflor en un procesador de alimentos.

2. Coloque una sartén a fuego medio-alto. Agregar 2 cucharadas de aceite. Cuando el aceite esté caliente, agregue jengibre, ajo y chile y cocine por unos segundos hasta que esté fragante.

3. Agregue la cúrcuma y cocine de 5 a 8 segundos. Agregue las zanahorias y la coliflor y cocine durante unos 2 minutos. Apagar el fuego.

4. Transfiera a un bol. Agregue los tomates y el perejil y mezcle. Conservar caliente.

5. Agregue el aceite restante en la sartén y deje que se caliente. Coloque el pollo en la sartén y cocine durante unos 6 minutos. Dale la vuelta al pollo y cocine de 5 a 6 minutos o hasta que esté bien cocido por dentro.

6. Agregue las alcaparras, el jugo de limón y un poco de agua.

7. Agregue la mezcla de coliflor y zanahoria y mezcle bien.

8. Sirva.

Fideos de Pollo

Tiempo de preparación: 10 minutos

Tiempo de cocción: 30 minutos

Cantidad de porciones: 8 – 10

Ingredientes:

- 16 onzas de fideos de trigo sarraceno
- 2 pimientos morrones amarillos, cortados en cuadrados de ½ pulgada
- 6 dientes de ajo picados
- 2 cucharadas de aceite de oliva
- 6 tazas de salsa de tomate
- 2 cucharadas de albahaca fresca picada o 2 cucharaditas de albahaca seca
- 2 cucharadas de perejil fresco picado o 2 cucharaditas de perejil seco
- Pimienta al gusto
- 2 libras de pechuga de pollo deshuesada y sin piel, cortada en tiras
- 1 cebolla morada grande, picada en cuadrados de ½ pulgada, separe las capas
- Sal al gusto

Instrucciones:

1. Siga las instrucciones del paquete y cocine los fideos de trigo sarraceno.

2. Coloque una sartén grande a fuego medio. Agregue aceite y espere a que el aceite se caliente. Agregue las tiras de pollo y extiéndalo por toda la sartén y cocine sin mezclar, hasta que la parte inferior esté cocida. Voltee los lados y cocine el otro lado, sin mezclar.

3. Agregue las verduras y mezcle bien. Cocine hasta que las verduras estén suaves. Agregue la salsa de tomate y cocine por 7-8 minutos.

4. Agregue los fideos y mezcle bien.

5. Sirva caliente.

Pechuga de Pollo Aromática con Col Rizada, Cebolla Roja y Salsa

Tiempo de preparación: 10 minutos

Tiempo de cocción: 20 minutos

Cantidad de porciones: 2

Ingredientes:

- onzas de pechugas de pollo deshuesadas y sin piel
- 2 cucharaditas de jugo de limón
- onzas de hojas de col rizada, picadas
- 2 cucharaditas de jengibre fresco picado
- 4 cucharaditas de cúrcuma en polvo
- 2 cucharadas de aceite de oliva extra virgen
- cebolla morada mediana, en rodajas
- onzas de granos de trigo sarraceno

Para la salsa:

- tomates, finamente picados
- chile, en rodajas
- cucharada de alcaparras
- cucharaditas de jugo de limón
- ¼ de taza de perejil picado
- Sal al gusto

Instrucciones;

- Para preparar la salsa: combine los tomates, el chile, las alcaparras, el jugo de limón, el perejil y la sal en un tazón y mezcle bien. Cubra y deje reposar por un tiempo para que se asienten los sabores.

- Espolvoree 2 cucharaditas de cúrcuma en polvo sobre el pollo. Rocíe jugo de limón y un poco por encima.
- Coloque una sartén refractaria a fuego medio. Agregue un poco de aceite. Cuando el aceite esté caliente, agregue el pollo y cocine hasta que esté ligeramente dorado.
- Coloque la sartén en un horno precalentado a 450° F y hornee por aproximadamente 20 minutos o hasta que esté bien cocido por dentro.
- Retire la sartén del horno y cubra sin apretar con papel de aluminio.
- Mientras tanto, cocine la col rizada al vapor durante 5 minutos en el aparato de cocción al vapor.
- También cocine los fideos de trigo sarraceno siguiendo las instrucciones del paquete, agregando la cúrcuma restante mientras cocina.
- Coloque una sartén a fuego medio. Agregue un poco de aceite. Cuando el aceite esté caliente, agregue la cebolla y el jengibre y cocine hasta que estén ligeramente suaves.
- Agregue la col rizada y cocine por un minuto.
- Sirva el pollo con verduras y acompañe con la salsa.

Pasta con Pollo y Calabaza

Tiempo de preparación: 10 minutos

Tiempo de cocción: 30 – 40 minutos

Cantidad de porciones: 2

Ingredientes:

- ½ libra de pollo molido
- cucharada de vinagre balsámico
- ½ cucharada de aceite de oliva, dividida
- ½ taza de pasta integral
- Pimienta al gusto
- hojas de albahaca fresca, en rodajas finas
- cucharadas de nueces picadas
- Sal al gusto
- ½ tazas de calabaza moscada en cubos, cortada en cubos de ½ "
- onzas de queso de cabra, desmigado
- ½ cucharadita de ajo picado
- 1/8 cucharadita de nuez moscada molida

Instrucciones:

1 Coloque la calabaza moscada en una bandeja para hornear. Rocíe 1 cucharada de aceite y espolvoree sal y pimienta sobre la calabaza. Mezclar.

2 Hornee la calabaza en un horno precalentado a 400° F, durante aproximadamente 30 minutos o hasta que esté suave.

3 Cocine la pasta siguiendo las instrucciones del paquete.

4 Coloque una sartén a fuego medio. Agregar ½ cucharada de aceite y esperar a que se caliente. Agregue el ajo y cocine hasta que se dore, mezclando con frecuencia.

5 Agregue el pollo y cocine hasta que el pollo ya no esté rosado.

6 Agregue las nueces, la nuez moscada y el vinagre.

7 Cocine a fuego lento durante 1 - 2 minutos.

8 Sirva el pollo sobre la pasta.

9 Disperse la calabaza moscada y queso de cabra. Espolvoree albahaca encima.

10 Servir.

Pollo Marsala

Tiempo de preparación: 10 minutos

Tiempo de cocción: 30 – 40 minutos

Cantidad de porciones: 8

Ingredientes:

- 8 pechugas de pollo deshuesadas y sin piel (6 onzas cada una)
- 20 onzas de champiñones cremini, en rodajas
- 2 dientes de ajo, pelados y en rodajas
- 1 taza de vino marsala
- 6 cucharadas de harina
- 2 chalotes grandes, picados
- Sal al gusto
- 1 taza de caldo de pollo
- Pimienta recién molida al gusto
- 4-5 cucharadas de aceite de oliva
- 2 cucharadas de perejil picado
- Espinacas salteadas para servir

Instrucciones:

1. Coloque las pechugas de pollo entre 2 hojas de envoltura plástica y golpéelas con un mazo para carne hasta que tengan ½ pulgada de grosor.

2. Espolvoree sal y pimienta sobre el pollo. Espolvorear harina sobre el pollo.

3. Coloque una sartén grande a fuego medio. Agregue aproximadamente una cucharada de aceite y mueva la sartén para esparcir el aceite.

4. Coloque tantas piezas de pollo como sea posible en la sartén. Dorar el pollo por ambos lados hasta que esté dorado. Retire el pollo de la sartén y colocar en un plato usando una espumadera.

5. Cocine el pollo restante de la misma manera, agregando más aceite si es necesario.

6. Agregue 2 cucharadas de aceite en la sartén. Cuando el aceite esté caliente, agregue los champiñones y cocine hasta que se doren.

7. Agregue el ajo y las chalotas. Agregue sal y pimienta al gusto y saltee durante 1 a 2 minutos.

8. Agregue vino, caldo y pollo junto con el jugo y cocine hasta que el líquido en la sartén sea la mitad de su cantidad original.

9. Decore con perejil y sirva junto con espinacas salteadas o cualquier otra verdura salteada de su elección.

Brochetas de Pollo con Salsa Satay

Tiempo de preparación: 60 minutos

Tiempo de cocción: 30 minutos

Cantidad de porciones: 2

Ingredientes:

Para el pollo:

- 10.5 onzas de pechugas de pollo, picadas en trozos
- 1 cucharadita de aceite de oliva extra virgen
- 1 manojo de hojas de col rizada, descarte los tallos y el centro, en rodajas
- 2 cucharaditas de cúrcuma en polvo

Para la salsa satay:

- 2 cucharaditas de aceite de oliva extra virgen

- 1 cebolla morada mediana, cortada en cubitos
- 2 tallos de apio, en rodajas
- 2 cucharaditas de curry en polvo
- ½ taza de caldo de pollo
- 2 cucharadas de mantequilla de nueces o mantequilla de maní
- 1 ¼ tazas de leche de coco
- 2 cucharaditas de cúrcuma en polvo
- 2 dientes de ajo, pelados y picados
- Sal al gusto
- Un manojo de cilantro fresco picado

Para servir:

- 8 mitades de nueces, picadas, para decorar
- 3,5 onzas de trigo sarraceno

Instrucciones:

1. Combine el aceite de oliva y la cúrcuma en polvo en un tazón. Agregue el pollo y mezcle hasta que el pollo esté bien cubierto con la mezcla. Cubra y deje reposar durante aproximadamente una hora.

2. Mientras tanto, siga las instrucciones del paquete y cocine el trigo sarraceno. Agregue la col rizada y el apio durante los últimos 5 minutos de cocción.

3. Prepare su parrilla y precaliéntela a fuego alto.

4. Para hacer salsa satay: Coloque una sartén a fuego medio. Agregue aceite y deje calentar. Agregue la cebolla y el ajo y cocine por unos minutos hasta que las cebollas se tornen rosadas.

5. Agregue la cúrcuma y el curry en polvo y cocine por unos segundos más.

6. Vierta el caldo y la leche de coco y mezcle bien. Cuando la mezcla hierva, agregue la mantequilla de nueces. Mezclar hasta que esté bien combinado.

7. Baje el fuego y cocine a fuego lento hasta que la salsa esté espesa. Apagar el fuego. Agregar el cilantro y mezclar.

8. Mientras la salsa se espesa, inserte el pollo en 2 brochetas.

9. Asar el pollo durante 10 minutos. Gire las brochetas cada 3-4 minutos.

10. Coloque las brochetas en platos individuales para servir.

11. Rocíe la salsa sobre las brochetas. Esparcir nueces encima y servir.

Filete de Pavo con Cuscús de Coliflor Picante

Tiempo de preparación: 10 minutos

Tiempo de cocción: 15 – 18 minutos

Cantidad de porciones: 2 – 3

Ingredientes:

- 2-3 filetes de pavo
- ½ cebolla morada, picada
  - cucharada de cúrcuma molida
- Jugo de ½ limón
- Aceite de oliva, según sea necesario
- ½ coliflor, picada con una textura similar al cuscús
  - Chile ojo de pájaro, picado
- Sal al gusto
- ½ taza de perejil picado
  - diente de ajo, pelado y picado
- Pimienta al gusto

Instrucciones:

1. Espolvoree sal, pimienta y jugo de limón sobre los filetes.

2. Coloque una sartén a fuego medio. Agregar un poco de aceite y calentar. Agregue la cebolla, el ajo y el chile y cocine hasta que estén ligeramente rosados.

3. Agregar la cúrcuma y la coliflor. Calentar. Apagar el fuego. Agregar el perejil.

4. Cocine los filetes en una parrilla precalentada o en una sartén para parrilla.

5. Divida el cuscús de coliflor en 2-3 platos. Cubra cada uno con un filete y sirva.

Hamburguesas de Pavo de Manzana

Tiempo de preparación: 15 minutos

Tiempo de cocción: 8 – 10 minutos

Cantidad de porciones: 2

Ingredientes:

- 1 manzana verde, sin corazón, pelada y cortada por la mitad
- 1 manojo de tomillo o salvia fresca, picada
- Pimienta al gusto
- ½ cucharadita de cebolla en polvo
- ¼ de cucharadita de ajo en polvo
- Sal al gusto
- 1 cucharadita de aceite de oliva
- ½ libra de pavo molido 93% magro
- Bollos de hamburguesa de trigo integral u hojas de lechuga para servir

Instrucciones:

1. Rallar la mitad de la manzana y cortar la otra mitad en rodajas finas.

2. Combine la manzana rallada, las especias, la sal, la salvia y el pavo en un tazón y mezcle bien.

3. Prepare 2 porciones iguales de la mezcla. Forme hamburguesas.

4. Coloque una sartén a fuego medio. Unte aceite en ambos lados de las hamburguesas y colóquelas en la sartén.

5. Cocine hasta que la parte inferior esté dorada. Voltear las hamburguesas y cocinar el otro lado hasta que se doren.

6. Sirva las hamburguesas sobre panecillos u hojas de lechuga. Coloque las manzanas en rodajas encima de las hamburguesas y sirva.

Sándwiches de Pavo con Mayonesa de Manzana y Nueces

Tiempo de preparación: 15 minutos

Tiempo de cocción: 4 minutos

Cantidad de porciones: 2

Ingredientes:

Para la mayonesa de nueces:

- 2 cucharadas de nueces finamente picadas
- 3-4 cucharadas de mayonesa
- ½ cucharada de mostaza de Dijon
- ½ cucharada de perejil fresco picado

Para los sándwiches:

- 4 rebanadas de pan integral
- ½ manzana verde, pelada, sin corazón, cortada en rodajas finas

- Pavo cocido en rodajas, según sea necesario
- Un manojo de rúcula

Instrucciones:

1. Para preparar la mayonesa de nueces: combine las nueces, la mayonesa, la mostaza y el perejil en un bol.

2. Unte mayonesa de nueces en un lado de las rebanadas de pan.

3. Coloque la rúcula en 2 rebanadas de pan, por el lado de la mayonesa. Coloque encima las rodajas de pavo seguidas de las rodajas de manzana.

4. Complete el sándwich cubriéndolo con las rebanadas de pan restantes, con la mayonesa hacia abajo.

5. Cortar en la forma deseada y servir.

Pavo Salteado con Tomate y Cilantro

Tiempo de preparación: 10 minutos

Tiempo de cocción: 15 minutos

Cantidad de porciones: 2 – 3

- Ingredientes:
- ½ libra de pavo molido sin grasa
- ½ taza de cebolla roja o amarilla picada
- Pimienta al gusto
- 1 cucharadita de aceite de oliva
- 1 jalapeño o al gusto, picado
- ½ cucharada de ajo picado
- ¼ de taza de tomates picados
- ¼ de cucharadita de comino molido
- 2 cucharaditas de hojuelas de pimiento rojo
- ½ taza de cilantro fresco picado
- Sal al gusto

- Un manojo de hojas de perejil

Instrucciones:

1. Coloque una sartén a fuego medio. Agregar aceite y esperar a que se caliente. Agregue el ajo y saltee durante aproximadamente un minuto hasta que se dore.

2. Agregue la cebolla, los tomates, el jalapeño, el perejil y las hojuelas de pimiento rojo y cocine por 4-5 minutos.

3. Agregue el pavo y cocine hasta que se dore, partiendo el pavo mientras se cocina.

4. Agregue el cilantro, la sal y la pimienta y mezcle.

5. Sirva caliente.

Filete con Salsa Chimichurri Picante

Tiempo de preparación: 15 minutos

Tiempo de cocción: 16 – 20 minutos

Cantidad de porciones: 3

Ingredientes:

- filete de solomillo de libra
- ¼ de cucharadita de pimienta o al gusto
- ¼ de cucharadita de ajo en polvo
- Sal al gusto
- ¼ de cucharadita de comino molido

Para la salsa chimichurri:

- 1 manojo de perejil fresco, finamente picado
- cucharada de chalota finamente picada
- Un puñado de mezcla primavera y de col rizada, finamente picada
- ¼ de taza de aceite de oliva
- 1/8 de cucharadita de sal o al gusto
- dientes de ajo, pelados y picados

- ½ cucharadita de miel
- ¼ de cucharadita de hojuelas de pimiento rojo triturado

Instrucciones:

1. Para preparar la salsa chimichurri: agregue las verduras, la chalota, la sal, la miel y las hojuelas de pimiento rojo en un bol y mezcle bien. Cubra y deje reposar por unos minutos.

2. Mientras tanto, prepare la parrilla y precaliente a fuego medio-alto.

3. Espolvoree sal y especias por todo el filete y frótelo bien.

4. Coloque el filete a la parrilla y cocine por 8 minutos. Voltear y cocinar durante 8 minutos a fuego medio - crudo o hasta el punto de cocción deseado.

5. Retirar el filete de la parrilla y cúbralo con papel de aluminio y dejar reposar durante 15 minutos.

6. Cortar en rodajas y dividir en platos. Unte la salsa chimichurri encima y sirva.

Ternera a la Brasa con Jugo de Vino Tinto, Aros de Cebolla, Col Rizada con Ajo y Papas Asadas a las Hierbas

Tiempo de preparación: 10 minutos

Tiempo de cocción: 1 hora 30 minutos

Cantidad de porciones: 2

Ingredientes:

- 7 onzas de papas peladas, cortadas en cubos de 1 pulgada
- 1 manojo de perejil fresco picado

- ½ onza de hojas de col rizada, picadas, deseche los tallos duros y el centro
- 2 filetes de filete de res (4 a 5 onzas cada uno) o filete de solomillo de 1 pulgada de grosor
- ¼ de taza de caldo de res
- Sal al gusto
- ½ cucharadita de maicena mezclada con 2 cucharadas de agua
- ½ cucharada de aceite de oliva extra virgen
- cebolla morada mediana, cortada en aros finos
- dientes de ajo, finamente picados
- Pimienta al gusto
- cucharadas de vino tinto
- 2 cucharaditas de puré de tomate

Instrucciones:

1. Hierva agua en una cacerola a fuego alto. Agregue las papas y permita que hierva. Cocinar por 4 minutos. Escurrir en un colador.

2. Transferir las papas a una fuente para hornear. Rocíe una cucharada de aceite sobre las papas y mezcle bien. Extiéndalo uniformemente.

3. Hornear en un horno precalentado a 440° F, durante aproximadamente 30 a 40 minutos. Mezclar las patatas a intervalos de 10 minutos.

4. Transfiera a un bol. Agregue el perejil y mezcle bien.

5. Coloque una sartén a fuego medio. Agregue ½ cucharada de aceite. Cuando el aceite esté caliente, agregue la cebolla y cocine hasta que esté dorado. Transfiera a un bol.

6. Cocine al vapor la col rizada en un aparato de cocción al vapor.

7. Agregue ½ cucharada de aceite en la sartén. Agregue el ajo y cocine por unos segundos hasta que esté fragante. Agregue la col rizada y cocine por un par de minutos, hasta que se vuelva ligeramente blanda. Apaga el fuego. Cubra y reserve.

8. Coloque una sartén refractaria a fuego alto. Agregue el aceite restante y espere a que se caliente. Una vez que el aceite esté caliente, agregue los filetes y cúbralos con aceite, por ambos lados. Cocine de 3 a 4 minutos por cada lado. Apagar el fuego.

9. Coloque la cacerola en un horno precalentado a 440° F y ase hasta que la carne esté cocida al punto deseado.

10. Retire la sartén del horno. Colocar la carne a un lado en un plato.

11. Vierta el vino tinto en la misma sartén. Desglasar la sartén. Coloque la sartén a fuego alto. Cocine hasta que el vino sea la mitad de su cantidad original.

12. Agregue el caldo, el puré de tomate y dejar que hierva.

13. Agregue la mezcla de harina de maíz. Continuar mezclando hasta que espese. Vierta los jugos cocidos del filete en la sartén.

14. Sirva el bistec con papas, col rizada, salsa de vino y cebolla.

Orecchiette con Salchicha y Achicoria

Tiempo de preparación: 10 minutos

Tiempo de cocción: 20 – 25 minutos

Cantidad de porciones: 3

Ingredientes:

- ½ libra de Orecchiette
- ½ libra de salchicha italiana dulce, desechar el revestimiento
- ¼ de cucharadita de pimiento rojo triturado
- Sal al gusto
- 2 cucharadas de pecorino rallado + extra para decorar
- 2 cucharadas de aceite de oliva extra virgen
- 1 diente de ajo, pelado y en rodajas finas
- ½ libra de achicoria o escarola, picada
- ½ taza de caldo de pollo
- 1 manojo de hojas de menta fresca, picadas

Instrucciones:

1. Cocine la pasta siguiendo las instrucciones del paquete, agregando sal mientras cocina.

2. Coloque una sartén grande a fuego medio. Agregue una cucharada de aceite y dejar que se caliente.

3. Una vez que el aceite esté caliente, agregue la salchicha y cocine hasta que se dore. Cortar mientras se cocina.

4. Retire la salchicha con una espumadera y colóquela en un plato.

5. Agregue una cucharada de aceite. Cuando el aceite esté caliente, agregue el ajo y el pimiento rojo y mezcle por unos segundos hasta obtener un agradable aroma.

6. Agregue la achicoria y la sal y cocine tapado, hasta que se pongan blandas. Debería tomar un par de minutos.

7. Destape y continúe cocinando hasta que estén suaves.

8. Agregue la pasta, la salchicha, el queso y el caldo y cocine hasta que la salsa esté ligeramente espesa. Agregar la menta y mezclar.

9. Sirva caliente.

Chili Con Carne

Tiempo de preparación: 15 minutos

Tiempo de cocción: 1 hora 30 minutos

Cantidad de porciones: 8

Ingredientes:

- 2 cebollas rojas, finamente picadas
- 4 chiles ojo de pájaro, finamente picados
- 2 pimientos rojos, cortados en cuadrados de 1 pulgada
- 6 dientes de ajo, finamente picados
- 2 cucharadas de aceite de oliva extra virgen
- 1.8 libras de carne de res magra y picada
- 4 latas (14.1 onzas cada una) de tomates picados
- ¼ de taza de vino tinto
- cucharadas de puré de tomate
- cucharadas de cúrcuma en polvo
- 2 cucharadas de cacao en polvo
- 2 cucharadas de comino molido
- Pimienta al gusto
- onzas de frijoles rojos enlatados o cocidos
- Un manojo de perejil fresco picado
- Un manojo de cilantro fresco picado
- tazas de caldo de res
- onzas de granos de trigo sarraceno
- Sal al gusto

Instrucciones:

1. Coloque una olla a fuego medio. Agregar aceite y esperar a que se caliente. Agregue la cebolla, los chiles y el ajo y cocine hasta que estén ligeramente suaves.

2. Agregue la cúrcuma y el comino.

3. Después de 10 a 15 segundos, agregue la carne y suba el fuego a alto. Cocine hasta que se dore.

4. Agregue el vino y desglasar la olla. Cocine hasta que el vino se reduzca a la mitad de su cantidad original.

5. Agregue el pimiento, el cacao, el puré de tomate, los frijoles y los tomates y mezcle bien.

6. Cocine tapado, a fuego lento durante aproximadamente una hora. Agregar un poco de agua si en algún momento encuentra que la mezcla es muy espesa.

7. Mientras el chili hierve a fuego lento, siga las instrucciones del paquete y cocine el trigo sarraceno.

8. Sirva el chili sobre trigo sarraceno.

Tajine de Cordero, Calabaza y Dátil

Tiempo de preparación: 15 minutos

Tiempo de cocción: 1 hora 30 minutos

Cantidad de porciones: 8

Ingredientes:

- 4 cucharadas de aceite de oliva
- 2 pulgadas de jengibre, pelado y rallado
- 2 cucharaditas de hojuelas de chile
- 2 ramas de canela
- 3.5 libras de filete de cuello de cordero, cortado en trozos pequeños
- 7 onzas de dátiles medjool, sin hueso, picados

- 2.2 libras de calabaza, cortada en cubos de ½ pulgada
- 1 manojo de cilantro fresco, picado + extra para servir
- 2 cebollas rojas, en rodajas
- 6 dientes de ajo rallados
- 4 cucharaditas de semillas de comino
- 4 cucharaditas de cúrcuma en polvo
- Sal al gusto
- 2 latas (14 onzas cada una) de tomates picados
- 1 lata de agua
- 2 latas (14.1 onzas cada una) de garbanzos, escurridos

Para servir: a su elección

- Alforfón cocido
- Cuscús
- Arroz
- Pan plano

Instrucciones:

1. Coloque una sartén refractaria con tapa adecuada o una olla a fuego medio. Agregar 4 cucharadas de aceite y esperar a que se caliente. Una vez que el aceite esté caliente, agregue la cebolla y cocine tapado hasta que se ablande.

2. Agregue el jengibre, el ajo y todas las especias. Cocine por unos segundos hasta que esté fragante. Agregue 2 - 3 cucharadas de agua si las especias se están quemando.

3. Agregue el cordero. Mezcle hasta que el cordero esté bien cubierto con la mezcla de especias.

4. Agregue los dátiles, los tomates y el agua y mezcle bien. Cuando empiece a hervir, apague el fuego.

5. Cubra la olla y coloque la sartén en un horno precalentado a 440° F, y hornee durante aproximadamente 80 a 90 minutos o hasta que el cordero esté bien cocido. Agregue la calabaza y los garbanzos durante los últimos 30 minutos de cocción.

6. Agregue el cilantro y mezcle.

7. Sirva con cualquiera de las opciones para servir.

Chili de Cordero y Frijoles Negros

Tiempo de preparación: 10 minutos

Tiempo de cocción: 1 hora 30 minutos

Cantidad de porciones: 4

Ingredientes:

- ¾ libra de cordero molido magro
- 1 diente de ajo picado
- ½ taza de vino tinto seco
- 1 cucharadita de comino molido
- Sal al gusto
- Salsa picante al gusto (opcional)
- ½ taza de cebolla morada picada
- 1 lata (14.1 onzas) de tomates enteros, con su líquido, picados
- ½ cucharada de chile en polvo
- 1 cucharadita de orégano seco
- 1 ½ latas (15 onzas cada una) de frijoles negros, escurridos
- ½ cucharadita de azúcar
- Ramitas de cilantro fresco (opcional)

Instrucciones:

1. Coloque una olla a fuego medio. Agregue el cordero, la cebolla y el ajo y saltee hasta que se doren. Cortar mientras mezcla.

2. Retire la mezcla con una espumadera y colóquela en un plato forrado con toallas de papel. Deseche la grasa restante en la sartén. Limpiar la olla.

3. Coloque la olla a fuego medio. Agregue los tomates, las especias, el orégano y la sal y mezcle. Calentar bien.

4. Baje el fuego y cocine tapado, durante una hora. Agregue los frijoles y la salsa picante y mezcle.

5. Tape y cocine a fuego lento durante unos 30 minutos.

6. Espolvoree cilantro encima y sirva.

Quiche de Tomate, Tocino y Rúcula con Corteza de Camote

Tiempo de preparación: 15 minutos

Tiempo de cocción: 50 minutos

Cantidad de porciones: 8

Ingredientes:

- 4 tazas de camote o ñame rallado
- Sal al gusto
- 1 cebolla morada picada
- 2 puñados grandes de rúcula baby
- 12 huevos
- 2 cucharadas de aceite de oliva
- 8 rebanadas de tocino, picado
- 16 tomates cherry, en cuartos
- 6 dientes de ajo, picados
- Pimienta al gusto

- 1 cucharada de mantequilla o ghee

Instrucciones:

1. Para hacer las cortezas de camote: Puede rallar los camotes en un rallador de caja o en el procesador de alimentos.

2. Exprima el exceso de humedad de los camotes.

3. Engrase 2 moldes para pasteles (de 9 pulgadas cada uno) con un poco de aceite de oliva.

4. Agregue la mantequilla, la pimienta y la sal en el tazón de camotes y mezcle bien. Presione la mezcla en el fondo y un poco en los lados del molde para pastel.

5. Hornee las cortezas en un horno precalentado a 450° F, durante aproximadamente 20 minutos o hasta que estén doradas en los bordes.

6. Retire las cortezas del horno.

7. Mientras tanto, coloque una sartén a fuego medio. Agregue el tocino y cocine hasta que esté crujiente. Retire el tocino con una espumadera y colóquelo en un plato forrado con toallas de papel. Deseche la grasa.

8. Agregue el aceite restante en la sartén. Una vez que el aceite esté caliente, agregue las cebollas y saltee hasta que se ablande.

9. Agregue los tomates y la rúcula y cocine hasta que los tomates estén ligeramente suaves.

10. Agregue el ajo y cocine durante aproximadamente medio minuto. Apagar el fuego. Dejar enfriar un tiempo.

11. Mientras tanto, rompa los huevos en un bol. Agregar sal y pimienta y batir bien.

12. Agregue las verduras y el tocino ligeramente enfriados y mezcle.

13. Divida la mezcla de huevo en partes iguales y vierta sobre la corteza de camote horneada.

14. Coloque las cortezas en el horno y hornee hasta que los huevos estén listos.

15. Dejar reposar durante 10 minutos.

16. Cortar cada uno en 4 gajos y servir.

Guiso de Lentejas y Chorizo

Tiempo de preparación: 10 minutos

Tiempo de cocción: 45 – 50 minutos

Cantidad de porciones: 8

Ingredientes:

- 2 cucharadas de aceite de oliva
- 2 cebollas rojas, finamente picadas
- 2 pimientos rojos, en rodajas
- 2 ½ tazas de caldo
- 2 paquetes (14.1 onzas cada uno) de salchichas
- 4 dientes de ajo machacados
- 1,1 libras de lentejas, enjuagadas
- Sal al gusto
- 1 taza de vino tinto
- Pimienta recién molida al gusto

Instrucciones:

1. Coloque una olla grande a fuego medio. Agregar el aceite. Cuando el aceite esté caliente, agregue las salchichas y cocine hasta que se dore. Retire las salchichas con una espumadera y colóquelas en un plato.

2. Agregue la cebolla, el ajo y la pimienta en la olla y cocine hasta que estén ligeramente blandos.

3. Agregue el caldo, el vino, las lentejas y las salchichas. Dejar que la mezcla hierva.

4. Baje el fuego y cocine hasta que las lentejas estén blandas y las salchichas bien cocidas.

5. Agregue sal y pimienta al gusto.

6. Sirva sobre arroz o con pan crujiente.

Tofu y Cerdo al Estilo Chino con Bok Choy

Tiempo de preparación: 15 minutos

Tiempo de cocción: 10 – 12 minutos

Cantidad de porciones: 2

Ingredientes:

- 7 onzas de tofu firme, picado en cubos de 1 ½ pulgada
- ½ libra de carne de cerdo picada
- ¼ taza de caldo de pollo
- ½ cucharada de puré de tomate
- ½ cucharada de salsa de soya
- Jengibre de 1 pulgada, pelado y rallado
- 1 chalota pequeña, picada
- ½ cucharada de aceite de oliva
- 3,5 onzas de Bok Choy
- ½ taza de perejil picado
- ½ cucharada de harina de maíz mezclada con ½ cucharada de agua
- ½ cucharada de vino de arroz
- ½ cucharadita de azúcar morena
- 2 dientes de ajo pequeños, pelados y triturados
- 1,75 onzas de hongos shiitake, en rodajas
- 1.75 onzas de brotes de soya
- Sal al gusto

Instrucciones:

1. Coloque el tofu sobre capas de toallas de papel. Coloque más toallas de papel encima del tofu. Deje que permanezca así durante unos minutos para que se escurra la humedad adicional.

2. Combine la mezcla de maicena, caldo, puré de tomate, jengibre, ajo, salsa de soya, vino de arroz y azúcar morena en un tazón.

3. Coloque una sartén a fuego alto. Agregue aceite y espere a que el aceite se caliente. Una vez caliente, agregue los champiñones y cocine por un par de minutos o hasta que estén cocidos. Con una espumadera, retire los champiñones de la sartén.

4. Agregue el tofu a la sartén y cocine hasta que esté dorado por todas partes. Retire el tofu con una espumadera y colóquelo en un plato.

5. Agregue el Bok Choy y la chalota a la sartén y cocine por un par de minutos. Agregue la carne de cerdo y cocine hasta que la carne esté bien cocida.

6. Agregue los brotes de soya, el tofu y los champiñones y caliente.

7. Agregue el perejil y mezcle bien. Apagar el fuego.

Salmón al Horno con Cúrcuma

Tiempo de preparación: 10 minutos

Tiempo de cocción: 20 minutos

Cantidad de porciones: 2

Ingredientes:

- 2 filetes de salmón sin piel
- 2 cucharaditas de cúrcuma en polvo
- 2 cucharaditas de aceite de oliva extra virgen
- 4.2 onzas de lentejas verdes cocidas o enlatadas

- 2 chiles ojo de pájaro, finamente picados
- 2 cucharaditas de curry suave en polvo
- 1 taza de caldo de pollo
- Jugo de ½ limón
- 1 cebolla morada mediana, finamente picada
- 2 dientes de ajo, pelados y finamente picados
- 10.5 onzas de apio, cortado en trozos de 1 pulgada
- 2 tomates cortados en gajos
- 2 cucharadas de perejil picado

Instrucciones:

1. Coloque una sartén a fuego medio-bajo. Agregar aceite y esperar a que se caliente. Una vez que el aceite esté caliente, agregue la cebolla, el jengibre, el ajo, el apio y el chile y saltee hasta que estén ligeramente blandos.

2. Agregue el curry en polvo. Continuar mezclando durante unos segundos.

3. Agregue los tomates, las lentejas y el caldo. Cocinar aproximadamente 10 minutos. Agregar el perejil y mezclar. Apagar el fuego.

4. Mientras tanto, combine el jugo de limón, el aceite y la cúrcuma en polvo en un tazón y unte esta mezcla sobre el salmón. Incorporar con el salmón.

5. Coloque el salmón en un recipiente para hornear.

6. Hornee las cortezas en un horno precalentado a 400° F, por alrededor de 8 a 10 minutos o hasta que estén bien cocidas.

7. Sirva la mezcla de lentejas con salmón.

Langostinos Arrabbiata

Tiempo de preparación: 10 minutos

Tiempo de cocción: 25 – 30 minutos

Cantidad de porciones: 2

Ingredientes:

- 10 onzas de langostinos crudos o cocidos
- 2 cucharadas de aceite de oliva extra virgen
- 4.6 onzas de pasta de trigo sarraceno

Para la salsa Arrabbiata:

- 1 cebolla morada mediana, finamente picada
- 1 tallo de apio, finamente picado
- 2 cucharaditas de hierbas mixtas secas
- 4 cucharadas de vino blanco (opcional)
- 2 cucharadas de perejil picado
- 2 dientes de ajo, pelados y finamente picados
- 2 chiles ojo de pájaro, finamente picados
- 2 cucharaditas de aceite de oliva extra virgen + extra para rociar
- 2 latas (14.1 onzas cada una) de tomates picados

Instrucciones:

1. Coloque una sartén a fuego medio-bajo. Agregar aceite y esperar a que se caliente. Una vez que el aceite esté caliente, agregue la cebolla, el apio, el ajo, las hierbas mixtas secas y el chile a fuego medio-bajo.

2. Cocine por un par de minutos. Agregar el vino y dejar cocer durante un par de minutos a fuego medio.

3. Baje el fuego una vez más a medio-bajo y agregue los tomates. Cocine tapado durante unos 25 minutos, mezclando ocasionalmente.

4. Mientras tanto, siga las instrucciones del paquete y cocine la pasta hasta que esté al dente. Escurrir y volver a colocar en la olla.

5. Rocíe un poco de aceite sobre la pasta. Mezclar.

6. Agregue los langostinos crudos a la salsa y mezcle. Cocine a fuego lento hasta que estén cocidos.

7. Agregue el perejil. Agregue los langostinos cocidos si los usa, junto con el perejil y mezcle.

8. Agregue la pasta y mezcle suavemente.

9. Sirva caliente.

Salteado de Langostino Asiático con Fideos de Alforfón

Tiempo de preparación: 10 minutos

Tiempo de cocción: 45 minutos

Cantidad de porciones: 4

Ingredientes:

- 21 onzas de langostinos crudos sin cáscara, desvenados
- 8 cucharaditas de aceite de oliva extra virgen
- 4 chiles ojo de pájaro, finamente picados
- 2 cebollas rojas medianas, en rodajas finas
- 8.6 onzas de ejotes, picados
- 2 tazas de caldo de pollo
- 8 cucharaditas de salsa de soya o tamari
- 10.6 onzas de fideos de trigo sarraceno
- 4 cucharaditas de jengibre fresco finamente picado
- 4 dientes de ajo, pelados y finamente picados
- 4 tallos de apio, en rodajas finas
- 7 onzas de col rizada, deseche los tallos duros el centro, corte las hojas

- 2 puñados de apio picado

Instrucciones:

1. Coloque una sartén grande a fuego alto. Agregar 2 cucharaditas de aceite, tamari y langostinos. Sofreír durante aproximadamente 3 minutos.

2. Retire los langostinos de la sartén y colóquelos en un plato. Limpiar la sartén con toallas de papel. Vuelva a colocar la sartén a fuego medio-alto. Agregar el aceite restante y dejar que se caliente.

3. Para cocinar los fideos: Siga las instrucciones del paquete y cocine los fideos.

4. Agregue ajo, jengibre, apio, chile, apio, frijoles y col rizada en la sartén. Sofreír durante un par de minutos.

5. Agregue el caldo. Cocine hasta que las verduras estén crujientes.

6. Agregue los langostinos, las hojas de apio y los fideos.

7. Cuando empiece a hervir, apague el fuego.

8. Sirva en tazones.

Fletán con Corteza de Nuez y Dijon

Tiempo de preparación: 15 minutos

Tiempo de cocción: 20 minutos

Cantidad de porciones: 2

Ingredientes:

- ¼ de taza de nueces trituradas
- 1 cucharada de harina para todo uso
- 1 huevo pequeño, ligeramente batido
- Sal al gusto
- 2 cucharaditas de aceite de oliva
- 1 cucharada de tomillo fresco picado

- ½ cucharada de mostaza de Dijon
- 2 filetes de fletán (6 onzas cada uno)
- Pimienta al gusto
- Rodajas de limón para servir

Instrucciones:

1. Agregue las nueces y el tomillo en un tazón poco profundo y mezcle. Agregue harina en otro tazón.

2. Agregue la mostaza de Dijon, el huevo en un tercer tazón y bata bien.

3. Espolvoree harina en la parte superior de los filetes. Sumerja la parte enharinada de los filetes en la mezcla de huevo. Escurra el huevo extra. Condimentar con sal y pimienta.

4. Drenar con la mezcla de nueces.

5. Coloque una sartén para horno a fuego medio. Agregar aceite y esperar a que se caliente.

6. Una vez que el aceite esté caliente, coloque los filetes en la sartén, con el lado de la nuez tocando el fondo de la sartén.

7. Cuando las nueces se doren, darles la vuelta. Apagar el fuego.

8. Coloque la sartén en un horno precalentado a 400° F, durante aproximadamente 5 a 6 minutos o hasta que esté bien cocido y se desmenuce al pincharlo con un tenedor.

9. Sirva el fletán con la corteza de nueces con rodajas de limón.

Salmón Griego

Tiempo de preparación: 30 minutos

Tiempo de cocción: 20 minutos

Cantidad de porciones: 4

Ingredientes:

Para la cobertura:

- 2 cucharadas de aceite de oliva extra virgen
- 2 dientes de ajo pequeños, pelados y picados
- ¼ de cucharadita de hojuelas de pimiento rojo
- ½ taza de queso feta en cubos
- 2 cucharadas de aceitunas kalamata en rodajas
- 1 cebolla morada pequeña, picada
- Jugo de limón
- ½ cucharadita de orégano seco
- Pimienta recién molida al gusto
- ½ taza de tomates cherry cortados a la mitad
- 2 cucharadas de pepino persa picado
- 1 cucharada de eneldo fresco picado

Para el salmón:

- ½ limón, cortado en rodajas finas y redondas
- 2 filetes de salmón, secos
- Pimienta recién molida al gusto
- ½ cebolla morada pequeña, en rodajas
- Sal al gusto

Instrucciones:

1. Agregue aceite, ajo, jugo de limón, hojuelas de pimiento rojo, pimienta y orégano en un bol y mezcle bien.

2. Agregue el queso feta. Cubra y enfríe durante 10 minutos.

3. Para el salmón: Tome un recipiente para hornear y coloque las rodajas de limón y de cebolla.

4. Coloque el salmón en el plato, con la piel sobre la cebolla y las rodajas de limón.

5. Espolvoree sal y pimienta sobre el salmón.

6. Hornee en un horno precalentado a 375° F, por alrededor de 18 a 20 minutos o hasta que esté bien cocido y se desmenuce al pincharlo con un tenedor.

7. Para hacer la cobertura: agregue todas las verduras y el eneldo en el tazón de queso feta y mezcle ligeramente.

8. Para servir: Coloque el salmón sobre la cebolla y las rodajas de limón en platos individuales para servir. Esparcir la cobertura sobre el salmón y servir.

Saag Paneer Fresco

Tiempo de preparación: 10 minutos

Tiempo de cocción: 20 minutos

Cantidad de porciones: 4

Ingredientes:

- 4 cucharaditas de aceite de oliva
- Sal al gusto
- 2 pulgadas de jengibre fresco, pelado y cortado en juliana
- 2 chiles verdes, sin semillas, finamente cortados
- 14.1 onzas de paneer (requesón), cortado en cubos de 1 pulgada
- 2 cebollas rojas picadas
- 2 dientes de ajo, pelados y en rodajas finas
- 4 tomates, picados

- Pimienta recién molida al gusto
- 1 cucharadita de cilantro molido
- ½ cucharadita de cúrcuma en polvo
- 1 cucharadita de sal o al gusto
- 1 cucharadita de comino molido
- 1 cucharadita de chile en polvo suave
- 1 manojo grande de espinacas picadas
- 1 manojo grande de cilantro fresco picado
- 1 manojo grande de perejil fresco picado

Instrucciones:

1. Coloque una sartén grande con una tapa adecuada a fuego alto. Agregar aceite y esperar a que se caliente.

2. Espolvoree sal y pimienta sobre el paneer (puede usar tofu en lugar de paneer) y agregue a la sartén. Cocine en partes si es necesario.

3. Cocine hasta que esté dorado por todas partes. Mezcle con frecuencia. Con una espumadera, retire el paneer y colóquelo en un plato forrado con toallas de papel.

4. Baje el fuego a medio y cocine las cebollas en la misma sartén, hasta que estén blandas. Agregue el ajo, el jengibre y el chile. Cocine durante aproximadamente un minuto, hasta que obtenga un agradable aroma.

5. Agregue los tomates. Tape la sartén y cocine a fuego lento, por otros 5 minutos.

6. Agregue todas las especias y cocine por unos segundos hasta obtener un aroma agradable. Evitar quemar las especias.

7. Agregue todas las verduras a la sartén (espinacas, cilantro y perejil) y mezcle bien. Cocine tapado durante aproximadamente 5 a 6 minutos hasta que las verduras se marchiten. Apagar el fuego.

8. Licue con una licuadora de inmersión hasta que quede suave. Este paso es opcional.

9. Agregue el paneer a la sartén y caliente. Pruebe y agregue sal si es necesario.

10. Sirva sobre arroz o quinoa o con chapatti (pan plano)

Hot Pot Asiático

Tiempo de preparación: 15 minutos

Tiempo de cocción: 15 – 18 minutos

Cantidad de porciones: 4

Ingredientes:

- 2 cucharaditas de puré de tomate
- 1 manojo grande de cilantro con tallos, finamente picado, mantenga los tallos separados
- 1 manojo grande de perejil con tallos, finamente picado, mantenga los tallos separados
- 4 tazas de caldo de pollo
- 1 taza de floretes de brócoli
- 7 onzas de langostinos mediterráneo crudos
- 3,5 onzas de fideos de arroz
- 1.4 onzas de jengibre para sushi, picado
- 2 anís estrellado, triturado
- Jugo de lima
- 1 zanahoria, cortada en palitos
- 3.5 onzas de brotes de soya
- 7 onzas de tofu firme, picado
- 3.5 onzas de castañas de agua cocidas, escurridas
- 2 cucharadas de pasta de miso

Instrucciones:

1. Agregue el caldo, el puré de tomate, el jugo de lima, el anís estrellado y los tallos de cilantro y perejil en una sartén grande.

2. Coloque la sartén a fuego medio. Cuando la mezcla hierva, baje el fuego y cocine por 10 minutos.

3. Agregue las verduras, el tofu, las gambas, las castañas de agua y los fideos y mezcle.

4. Bajar el fuego. Apagar el fuego una vez que los langostinos estén cocidos.

5. Agregue el jengibre para sushi y la pasta de miso y mezcle.

6. Decore con perejil y hojas de cilantro y sirva.

Bol de Quinoa y Pesto de Col Rizada con Huevos Escalfados

Tiempo de preparación: 15 minutos

Tiempo de cocción: 20 – 25 minutos

Cantidad de porciones: 2

Ingredientes:

Para el pesto de col rizada:

- ½ manojo de col rizada, descartar los tallos y el centro, desgarrado
- 3 cucharadas de nueces
- 1 cucharada de queso parmesano rallado
- 1 ½ cucharada de aceite de oliva extra virgen
- 2 dientes de ajo pequeños, pelados
- 1 cucharada de jugo de limón
- 1 cucharada de queso romano rallado
- 2 cucharadas de agua o más si es necesario

Para el bol de quinoa:

- ½ taza de quinoa, enjuagada
- Ralladura de ½ limón
- 2 huevos
- 2 cucharaditas de perejil picado
- 1 cucharada de jugo de limón
- 1 cucharada de nueces picadas
- Hojuelas de pimiento rojo al gusto
- Sal al gusto
- ½ cucharada de aceite de oliva

Instrucciones:

1. Para preparar el pesto de col rizada: Escaldar la col rizada en una olla con agua hirviendo durante 3 minutos con sal y ajo. Retirar con pinzas y colocar en un colador. Cuando esté lo suficientemente fría como para manipularlo, presione un poco del líquido de la col rizada.

2. Coloque la col rizada, las nueces, el jugo de limón y el ajo en una licuadora y mezcle hasta que tenga una textura gruesa. Agregue parmesano, hojuelas de pimiento rojo, parmesano y queso Romano y mezcle hasta que estén bien combinados.

3. Con el procesador de alimentos en funcionamiento, vierta agua a través del tubo alimentador hasta alcanzar la consistencia deseada, se prefiere cremosa.

4. Vierta en un bol y agregue aceite de oliva. Mezcle hasta que esté bien combinado.

5. Coloque una sartén a fuego medio-alto. Agregar el aceite. Cuando el aceite esté caliente, agregue la quinoa y saltee durante un minuto o hasta que se seque.

6. Vierta agua y sal al gusto y mezcle bien. Cuando llegue a hervir, reduzca el fuego a fuego lento y cocine tapado hasta que se seque. Apague el fuego y déjelo reposar tapado durante aproximadamente 5 minutos.

7. Destape y separe la quinoa con un tenedor.

8. Mientras la quinoa se enfría, escalfar los huevos. Puede utilizar el agua cocida de la col rizada para escalfar.

9. Agregue sal, pimienta, jugo de limón y pesto de col al gusto y mezcle.

10. Sirva la quinoa en tazones decorados con ralladura de limón, hojuelas de pimiento rojo, nueces y cubiertos con huevo.

Lentejas Puy Estofadas

Tiempo de preparación: 10 minutos

Tiempo de cocción: 1 hora 30 minutos

Cantidad de porciones: 2

Ingredientes:

- 16 tomates cherry, cortados por la mitad
- 3 onzas de cebolla morada, en rodajas finas
- 2 tallos de apio, en rodajas finas
- 2 dientes de ajo, finamente picados
- 1 zanahoria mediana, pelada y en rodajas finas
- 2 cucharaditas de tomillo seco
- 2 cucharaditas de pimentón
- 4 cucharaditas de aceite de oliva extra virgen
- 2 tazas de caldo de verduras
- 5.3 onzas de lentejas puy, enjuagadas
- 3.5 onzas de col rizada, picada
- 1 manojo grande de rúcula
- 2 cucharadas de perejil picado

Instrucciones:

1. Extienda los tomates en un recipiente para hornear.

2. Hornee en un horno precalentado a 250° F, durante aproximadamente 30-35 minutos.

3. Coloque una cacerola a fuego medio-bajo. Agregar 2 cucharaditas de aceite de oliva y esperar a que el aceite se caliente. Una vez que el aceite esté caliente, agregue la cebolla, el apio, el ajo y la zanahoria y saltee por un par de minutos.

4. Agregue el tomillo y el pimentón y mezcle bien. Cocine durante 40 a 50 segundos hasta que esté fragante.

5. Agregue las lentejas y el caldo. Cuando empiece a hervir, baje el fuego y cocine tapado hasta que estén blandas. Mezcle con frecuencia. Agregue un poco de agua si encuentra que el líquido de la cacerola se está secando.

6. Agregue la col rizada y cocine hasta que la col se marchite. Agregue el perejil y los tomates y mezcle bien.

7. Sirva la rúcula en 2 platos individuales. Vierta una cucharadita de aceite en cada plato y sirva con las lentejas puy.

Papas al Horno con Estofado Picante de Garbanzos

Tiempo de preparación: 10 minutos

Tiempo de cocción: 60 minutos

Cantidad de porciones: 2 – 3

Ingredientes:

- 2-3 patatas para hornear
- cebolla morada, finamente picada
- ½ pulgada de jengibre fresco, pelado y rallado
- cucharada de semillas de comino
- Agua, según sea necesario
- cucharada de cacao en polvo sin azúcar
- pimiento amarillo, cortado en trozos cuadrados de 1 pulgada
- Sal al gusto
- cucharada de aceite de oliva
- Pimienta al gusto
- dientes de ajo, pelados, rallados
- cucharadita de hojuelas de chile rojo o al gusto
- cucharada de cúrcuma en polvo
- lata (14.1 onzas) de tomates picados
- lata (14.1 onzas) de garbanzos con su líquido
- cucharada de perejil picado + extra para decorar

Instrucciones:

1. Pinche las patatas por todas partes, con un tenedor. Colocar en una bandeja para hornear.

2. Ase las papas en un horno precalentado a 400° F durante aproximadamente 50 a 60 minutos o hasta que estén bien cocidas.

3. Para el estofado de garbanzos: Coloque una olla sopera a fuego medio. Agregar el aceite. Cuando el aceite esté caliente, agregue el comino. Cuando el comino crepite, agregue la cebolla y cocine hasta que esté transparente.

4. Agregue el jengibre, el ajo y el chile. Baje el fuego y cocine por un par de minutos, hasta que esté fragante.

5. Agregue la cúrcuma. Agregue un par de cucharadas de agua si es necesario.

6. Agregue los tomates, los garbanzos, el pimiento, el cacao, la sal, la pimienta y el perejil y mezcle bien. Tape y cocine por aproximadamente 30 minutos.

7. Sirva sobre papas al horno.

Dhal de Col Rizada y Cebolla Morada con Trigo Sarraceno

Tiempo de preparación: 10 minutos

Tiempo de cocción: 30 minutos

Cantidad de porciones: 8

Ingredientes:

- 3 onzas de lentejas rojas, enjuagadas
- 2 cucharadas de aceite de oliva o mantequilla o ghee
- ½ cucharadita de ajo picado
- 1 cucharadita de jengibre fresco finamente picado
- Sal al gusto
- ½ taza de agua
- ½ cebolla morada pequeña, finamente picada
- ½ chile ojo de pájaro, en rodajas
- 1 cucharadita de cúrcuma en polvo
- 1 cucharadita de garam masala
- 1 taza de leche de coco
- Un puñado de col rizada
- Granos de trigo sarraceno cocidos o arroz integral para servir

Instrucciones:

1. Coloque una sartén a fuego medio. Agregar el aceite. Cuando el aceite esté caliente, agregue la cebolla y cocine hasta que esté transparente. Agregue el jengibre, el ajo y el chile ojo de pájaro y mezcle durante unos segundos hasta que esté fragante.

2. Agregue el garam masala y la cúrcuma. Agregue un poco de agua y mezcle por un minuto.

3. Agregar las lentejas, el agua y la leche de coco. Cocine tapado hasta que estén blandas. Agregar más agua si las lentejas no están cocidas y no queda líquido en la sartén. El dhal cocido debe tener una consistencia fluida.

4. Agregue sal y pruebe. Agregue la col rizada y cubra la sartén. Cocine a fuego lento durante unos minutos más.

5. Sirva sobre arroz cocido caliente o con chapatti (un tipo de pan plano).

Estofado de Frijoles Toscanos

Tiempo de preparación: 15 minutos

Tiempo de cocción: 30 – 40 minutos

Cantidad de porciones: 8

Ingredientes:

- 4 cucharadas de aceite de oliva extra virgen
- 1 zanahoria grande, pelada y finamente picada
- 4 dientes de ajo, finamente picados
- 4 cucharaditas de hierbas provenzales
- 4 latas (14.1 onzas cada una) de tomates italianos picados
- 2 latas (14.1 onzas) de frijoles mixtos
- 4 cucharadas de perejil picado
- Pimienta al gusto

- 1 cebolla morada mediana, finamente picada
- Sal al gusto
- 2 tallos de apio finamente picados
- 2 chiles ojo de pájaro, finamente picados
- 4 tazas de caldo de verduras
- 4 cucharaditas de puré de tomate
- 10 hojas grandes de col rizada, descartar el tallo duro el centro, picadas
- 5.6 onzas de granos de trigo sarraceno

Instrucciones:

1. Coloque un horno holandés o una olla pesada a fuego medio. Agregar aceite y calentar. Cuando el aceite esté caliente, agregue la cebolla, el apio, el chile, la zanahoria, el ajo y las hierbas provenzales y mezcle bien.

2. Cocine de 3 a 4 minutos.

3. Agregue el caldo, el puré de tomate y los tomates. Cuando comience a hervir, agregue los frijoles y cocine por 25 a 30 minutos.

4. Agregue la col rizada y cocine hasta que la col se marchite. Agregar el perejil y el chile ojo de pájaro.

5. Para cocinar trigo sarraceno: siga las instrucciones del paquete y cocine el trigo sarraceno. Preparar el trigo sarraceno 15 minutos antes de servir.

6. Sirva el estofado sobre trigo sarraceno.

Vino y Queso a la Parrilla

Tiempo de preparación: 15 minutos

Tiempo de cocción: 10 – 12 minutos

Cantidad de porciones: 2

Ingredientes:

- 4 rebanadas de pan francés
- 1 cebolla morada picada
- ¼ de cucharadita de tomillo seco
- 6 cucharadas de vino tinto
- 2 - 4 cucharadas de mantequilla
- 2 dientes de ajo, pelados y picados
- 2 cucharadas de harina
- 1 taza de queso gruyere rallado

Instrucciones:

1. Coloque una sartén a fuego medio. Agregar la mantequilla y esperar a que se derrita. Agregue la cebolla y cocine hasta que esté ligeramente suave.

2. Agregue el ajo y las hierbas secas y cocine durante aproximadamente un minuto.

3. Agregue la harina y mezcle hasta que esté bien combinado. Vierta el vino y mezcle constantemente hasta que la mezcla esté espesa y el vino se haya secado. Debe ser lo suficientemente grueso como para cubrir el dorso de una cuchara.

4. Apague el fuego y esparza la mezcla por un lado de cada rebanada de pan.

5. Unte el queso en 2 de las rebanadas de pan. Cubra con las rebanadas de pan restantes, con el lado de la salsa hacia abajo.

6. Aplique mantequilla en los lados exteriores del sándwich.

7. Coloque una sartén para parrilla a fuego medio. Coloque los sándwiches en la sartén y cocine hasta que el lado inferior esté dorado.

8. Dar vuelta al sándwich y cocinar el otro lado hasta que esté dorado.

9. Cortar en la forma deseada y servir.

Champiñones Asados al Vino Tinto sobre Tostadas de Ajo con Queso de Cabra

Tiempo de preparación: 12 minutos

Tiempo de cocción: 25 – 30 minutos

Cantidad de porciones: 2

Ingredientes:

- 6 onzas de mini champiñones
- 1 cucharada de mantequilla sin sal, derretida
- 1 diente de ajo picado
- 1 cucharada de orégano finamente picado
- 1 cucharada de perejil fresco picado
- 1 cucharadita de tomillo fresco picado
- Pimienta al gusto
- 2 cucharadas de mantequilla sin sal, a temperatura ambiente
- 6 onzas de queso de cabra, a temperatura ambiente
- ¼ de taza de vino tinto
- 1 cucharada de aceite de oliva
- Sal al gusto
- ½ barra de pan de grano artesanal, rebanado
- ¼ de cucharadita de sal de ajo

Instrucciones:

1. Combine los champiñones, la mantequilla, el aceite, el ajo, el orégano y el tomillo en un bol.

2. Agregar el vino.

3. Asar los champiñones en un horno precalentado a 425° F, durante aproximadamente 30 minutos o hasta que

los champiñones estén blandos. Mezcle un par de veces mientras hornea.

4. Agregue sal, pimienta y perejil y mezcle bien.

5. Unte con mantequilla las rebanadas de pan y colóquelas en una bandeja para hornear. Colóquelo en el horno y hornee hasta que quede crujiente.

6. Retire las rebanadas de pan y déjelas enfriar durante 3 a 4 minutos.

7. Aplique queso de cabra en un lado de las rebanadas de pan. Unte los champiñones sobre las rebanadas de pan y sirva.

Tortilla de Col Rizada y Ajo

Tiempo de preparación: 10 minutos

Tiempo de cocción: 20 minutos

Cantidad de porciones: 3

Ingredientes:

- 2 hojas de col rizada picadas
- 1 cebolla morada pequeña, cortada en cubitos
- Pimienta al gusto
- 3 huevos grandes
- 1 cucharada de mantequilla
- 1 diente de ajo picado
- ½ cucharadita de pimentón
- Sal al gusto

Instrucciones:

1. Prepare una bandeja para hornear pequeña engrasándola con un poco de aceite en aerosol.

2. Cocine al vapor la col rizada. Dejar enfriar unos minutos.

3. Coloque una sartén a fuego medio. Agregar la mantequilla. Cuando la mantequilla se derrita, agregue las cebollas y cocine hasta que estén blandas. Agregue sal, pimienta, pimentón y ajo y cocine por un par de minutos. Apague el fuego y transfiera a la bandeja para hornear. También agregue la col rizada y mezcle.

4. Batir los huevos en un bol junto con sal y pimienta. Vierta en la bandeja para hornear, sobre la mezcla de col rizada.

5. Hornee la tortilla en un horno precalentado a 350° F, durante aproximadamente 10 minutos o hasta que los huevos estén listos.

Capítulo 10: Postres

Cupcakes de Chocolate con Glaseado de Matcha

Tiempo de preparación: 15 minutos

Tiempo de cocción: 18 minutos

Cantidad de porciones: 24

Ingredientes:

Ingredientes secos:

- 10.5 onzas de harina con levadura
- 4.2 onzas de cacao
- 1 cucharadita de café expreso fino
- 14.1 onzas de azúcar en polvo
- 1 cucharadita de sal

Ingredientes húmedos:

- 1 cucharadita de extracto de vainilla
- 2 huevos
- 1 taza de leche
- 3.4 onzas de aceite vegetal

- 1 taza de agua hirviendo

Para el glaseado:

- 3,5 onzas de mantequilla, a temperatura ambiente
- 2 cucharadas de té verde matcha en polvo
- 3,5 onzas de queso crema, ablandado
- 3.5 onzas de azúcar glas
- 1 cucharadita de pasta de vainilla

Instrucciones:

1. Prepare un molde para cupcakes forrando 24 de los pocillos con revestimientos de papel desechables.

2. Combine todos los ingredientes secos en un tazón, es decir, harina, cacao, espresso, azúcar y sal.

3. Agregue la leche, los huevos, el aceite y la vainilla. Batir bien.

4. Vierta la mezcla de ingredientes húmedos en el bol de ingredientes secos y mezcle con una batidora eléctrica de mano hasta que esté bien incorporada.

5. Agregue el agua hirviendo gradualmente, batiendo simultáneamente a fuego lento. Batir hasta que esté bien incorporado.

6. Ahora bata a alta velocidad durante aproximadamente un minuto para que la masa esté aireada. La masa estará ligeramente líquida.

7. Vierta la masa en el molde para cupcakes preparado.

8. Hornear los cupcakes en un horno precalentado a 350° F, durante aproximadamente 15 a 18 minutos. Cuando los cupcakes estén listos, si presiona la parte superior del cupcake, debería saltar hacia atrás.

9. Enfríe los cupcakes.

10. Mientras tanto, prepare el glaseado: combine la mantequilla y el azúcar glas en un bol y bata hasta que esté cremoso.

11. Batir la vainilla y el matcha. Batir el queso crema.

12. Colocar el glaseado en una bolsa de glaseado y colocar el glaseado sobre los cupcakes.

Pastel de Matcha Saludable con Glaseado de Matcha

Tiempo de preparación: 20 minutos

Tiempo de cocción: 30 – 40 minutos

Cantidad de porciones: 15 – 18

Ingredientes:

Para el pastel:

- 4 tazas de harina de hojaldre integral
- 1 cucharadita de bicarbonato de sodio
- 3 cucharaditas de polvo de hornear de doble acción
- ½ taza de almidón de arrurruz
- ½ cucharadita de sal
- 8 huevos grandes
- 2 cucharadas de extracto de vainilla
- 2 cucharaditas de extracto de almendras
- 2/3 taza de proteína de suero de vainilla en polvo
- 1 taza de yogur griego natural sin grasa
- 1 ½ tazas de puré de manzana sin azúcar
- 4 cucharaditas de stevia líquida
- 1 taza de eritritol granulado
- 4 cucharadas de matcha en polvo

Para el glaseado:

- 3 tazas de requesón sin grasa
- 2 cucharaditas de pasta de vainilla
- 1 cucharadita de extracto de almendras
- 4 cucharadas de matcha en polvo
- 8 onzas de queso crema Neufchatel, ablandado
- 2 cucharaditas de stevia líquida
- 2 tazas de proteína de suero de leche en polvo de vainilla

Instrucciones:

1. Para preparar el pastel: Prepare 2 moldes para pasteles grandes (del mismo tamaño) rociándolos con aceite en aerosol. Forre con papel pergamino.

2. Agregue la harina de trigo integral, el polvo de hornear, el arrurruz, la sal y el bicarbonato de sodio en un tazón y mezcle bien.

3. Agregue los huevos, el yogur, la compota de manzana, la stevia, los extractos de vainilla y almendras en otro tazón y bata hasta que esté bien incorporado.

4. Agregue proteína en polvo, eritritol y matcha en polvo y continúe batiendo hasta que esté bien incorporado y sin grumos.

5. Agregue la mezcla de harina y continúe batiendo hasta que esté combinado, asegurándose de no mezclar demasiado.

6. Divida la masa entre los moldes para hornear preparados.

7. Hornee los pasteles en un horno precalentado a 325° F, durante aproximadamente 30 a 35 minutos o hasta que estén firmes en la parte superior. Cuando los pasteles estén listos, si presiona la parte superior del cupcake, debería saltar hacia atrás.

8. Enfríe los cupcakes. Colocar en platos y despegue el papel pergamino.

9. Coloque un pastel en un soporte para pasteles.

10. Para el glaseado: agregue el requesón y el queso crema en una licuadora y mezcle hasta que tenga una textura suave. También puede mezclarlo con una batidora de mano eléctrica.

11. Incorporar la vainilla, el extracto de almendras y la stevia.

12. A continuación, agregue la proteína en polvo y el matcha en polvo y mezcle hasta que quede suave.

13. Extienda un poco del glaseado sobre el pastel (el que está en el soporte para pasteles). Coloque con cuidado el otro bizcocho sobre el bizcocho helado. Unte el glaseado en la parte superior y los lados del pastel.

14. Deje enfriar durante un par de horas.

15. Cortar y servir.

Brownie de Alforfón y Chocolate con Nueces

Tiempo de preparación: 15 minutos

Tiempo de cocción: 60 minutos

Cantidad de porciones: 12

Ingredientes:

- 8.8 onzas de chocolate amargo compuesto
- 2 tazas de azúcar morena
- ½ taza de cacao en polvo
- 4 huevos
- 1 taza de nueces picadas
- 5.3 onzas de mantequilla
- 1 ½ tazas de harina de trigo sarraceno
- 1 cucharadita de polvo de hornear
- ½ taza de leche tibia, si es necesario

- 4 cucharadas de semillas de cacao
- 2 cucharaditas de harina integral

Instrucciones:

1. Prepare un molde para brownie engrasándolo con aceite. Forrarlo con papel manteca.

2. Agregue chocolate y mantequilla en un recipiente apto para microondas y derrita la mezcla en el microondas. Mezcle cada 15 segundos hasta que se derrita.

3. Colocar los huevos en un bol y mezclar. Batir el azúcar, ¼ de taza a la vez y batir cada vez.

4. Vierta el chocolate derretido y bata hasta que esté bien combinado.

5. Combine el cacao, el polvo de hornear y la harina de trigo sarraceno en un tazón. Agregue la mezcla de ingredientes secos en el tazón de mezcla de chocolate, una cucharada a la vez y mezcle suavemente cada vez.

6. Coloque la masa en la bandeja para hornear.

7. Combine las semillas de cacao y las nueces en un tazón. Espolvoree harina de trigo y mezcle bien.

8. Esparcir las semillas de cacao y la mezcla de nueces sobre la masa y mezclar ligeramente.

9. Hornee los brownies en un horno precalentado a 300° F, durante aproximadamente 10 minutos o hasta que estén firmes en la parte superior. Estarán un poco pegajosos en el medio.

10. Dejar enfriar a temperatura ambiente. Cortar en 12 cuadrados iguales y servir.

11. Guarde las sobras en un recipiente hermético en el refrigerador. Puede conservarse de 4 a 5 días.

Fudge de Coco con Té Verde Matcha Saludable

Tiempo de preparación: 30 minutos

Tiempo de cocción: 0 minutos

Cantidad de porciones: 18

Ingredientes:

- 2 tazas de requesón bajo en grasa, casi a temperatura ambiente
- ¾ cucharadita de extracto de stevia
- 6 cucharadas de eritritol en polvo
- cucharadas de mantequilla de coco cruda, derretida
- cucharadas de coco rallado sin azúcar bajo en grasa
- ½ cucharadita de pasta de vainilla
- cucharada de matcha en polvo
- cucharada de cáscara de psyllium mezclada con 1 cucharada de eritritol

Instrucciones:

1. Prepare una bandeja grande para brownies forrándola con papel pergamino.

2. Coloque el requesón, la stevia, el eritritol, la pasta de vainilla y el polvo de matcha en el tazón del procesador de alimentos y procese hasta que esté bien combinado y suave.

3. Vierta la mantequilla de coco a través del tubo de alimentación, con el procesador de alimentos en funcionamiento. También espolvoree la mezcla de cáscara de psyllium de manera similar. Apague el procesador de

alimentos y vierta la mezcla en la sartén preparada. Extiéndalo uniformemente.

4. Congele durante 2 horas. Cortar en 18 rodajas iguales.

5. Extraiga las rodajas del coco rallado y colóquelas en una bandeja para servir.

6. Deje enfriar de 7 a 8 horas antes de servir.

Galletas Veganas con Chispas de Chocolate y Alforfón

Tiempo de preparación: 10 minutos

Tiempo de cocción: 10 minutos

Cantidad de porciones: 24

Ingredientes:

- 2 tazas de harina de trigo sarraceno
- 2/3 taza de aceite de coco derretido
- 2 cucharaditas de extracto de vainilla
- 1 cucharadita de bicarbonato de sodio
- 1 taza de chispas de chocolate amargo
- 1 taza de azúcar de coco
- 4 cucharadas de agua
- 1 cucharadita de sal marina fina
- 2 cucharaditas de vinagre de sidra de manzana

Instrucciones:

1. Prepare 2 bandejas para hornear grandes forrándolas con papel pergamino.

2. Combine la harina de trigo sarraceno, el aceite, la vainilla, el bicarbonato de sodio, el azúcar de coco, el agua y la sal en un tazón.

3. Agregue vinagre y mezcle bien. Agregue las chispas de chocolate y mezcle suavemente.

4. Divida la masa en 24 porciones iguales y colóquelas en las bandejas para hornear. Deje suficiente espacio entre las cada una. Presione ligeramente para aplanar.

5. Hornee las galletas en un horno precalentado a 350° F, durante aproximadamente 10 minutos o hasta que estén firmes en los bordes.

6. Permita que las galletas se enfríen en la bandeja para hornear durante 10 minutos. Retire las galletas de la bandeja para hornear y colóquelas en una rejilla para enfriar.

7. Una vez que estén completamente frías, coloque las galletas en un recipiente hermético. Pueden conservarse entre 4 y 5 días.

Galletas de Doble Chocolate de Trigo Sarraceno

Tiempo de preparación: 25 minutos

Tiempo de cocción: 10 minutos

Cantidad de porciones: 15

Ingredientes:

- 3 cucharadas de mantequilla sin sal
- ¼ de taza de harina de trigo sarraceno
- ¼ de cucharadita + 1/8 de cucharadita de polvo de hornear
- ¼ de taza + 1 cucharada de azúcar de caña
- ½ cucharadita de extracto de vainilla
- 6 onzas de chocolate agridulce, picado + extra en la parte superior
- 1 cucharada de harina de tapioca

- 1 huevo, a temperatura ambiente
- ¼ de cucharadita de sal marina fina
- Sal hojaldrada para recubrir

Instrucciones:

1. Prepare 2 bandejas para hornear forrándolas con papel pergamino.

2. Combine la mantequilla y aproximadamente 4 onzas de chocolate cortado en una cacerola y colocar a fuego lento.

3. Cocine hasta que el chocolate se derrita. Mezcle con frecuencia. La mezcla no debe estar muy caliente, sino tibia. Apagar el fuego.

4. Agregue los huevos, la sal y el azúcar en el tazón de la batidora. Coloque el accesorio de paleta y ajuste la velocidad a media-alta y bata hasta que esté cremoso.

5. Reduzca la velocidad a baja y agregue vainilla. Batir hasta que se incorpore.

6. Agregue el chocolate derretido y mezcle bien. Luego coloque la harina y bata hasta que esté bien incorporado. Agregue el resto del chocolate troceado y mezcle suavemente.

7. Deje reposar la masa durante 10 minutos.

Helado Saludable de Té Verde Matcha

Tiempo de preparación: 30 minutos

Tiempo de cocción: 0 minutos

Cantidad de porciones: 6

Ingredientes:

- 16 onzas de yogur griego natural sin grasa
- ½ cucharada de extracto de vainilla
- ¼ de cucharadita de extracto de almendras

- ½ cucharadita de goma xantana
- 8 onzas de crema mitad y mitad
- 1 cucharadita de stevia líquida
- 1 cucharada de matcha en polvo
- 1/8 de cucharadita de sal

Instrucciones:

1. Agregue la crema mitad y mitad, yogur, stevia, vainilla y extractos de almendras en el tazón de la batidora.

2. Ponga la batidora a velocidad baja y mezcle hasta que esté bien combinado.

3. Agregue sal, goma xantana y polvo de matcha en un tazón pequeño y mezcle hasta que estén bien combinados.

4. Aumente la velocidad a media y agregue la mezcla de polvo de matcha simultáneamente. Batir hasta que esté bien combinado.

5. Transfiera la mezcla a la máquina para hacer helados. Siga las instrucciones del paquete y bata el helado.

6. Puede servirlo fuera de la máquina para hacer helados si desea una textura suave, de lo contrario, agregue el helado en un recipiente apto para congelador y congele hasta que esté firme.

Helado de Café

Tiempo de preparación: 15 minutos

Tiempo de cocción: 0 minutos

Cantidad de porciones: 3

Ingredientes:

- 1 lata (13.6 onzas) de leche de coco, fría
- ¾ tazas de café fuerte, frío

- 1 cucharadita de extracto de vainilla
- 1/3 taza de jarabe de arce
- ½ cucharada de café instantáneo en gránulos

Instrucciones:

1. Abra la lata de leche de coco y coloque la crema de coco flotando encima.

2. Agregue crema de coco, café, café instantáneo, jarabe de arce y vainilla en una licuadora y mezcle hasta que quede suave.

3. Vierta en un recipiente apto para congelador. Cubra el recipiente y congele hasta que esté semi-congelado. Batir con una batidora de mano eléctrica hasta que esté cremoso.

4. Congele hasta su uso.

Mousse de Fresa

Tiempo de preparación: 20 minutos

Tiempo de cocción: 5 minutos

Cantidad de porciones: 3

Ingredientes:

- 5 onzas de fresas congeladas, sin azúcar, descongeladas
- 2 cucharadas de agua
- 1 ½ cucharada de mezcla de eritritol y stevia granulada
- 1 cucharadita de jugo de limón fresco
- ¾ de cucharadita de gelatina en polvo sin sabor
- ½ taza de crema batida espesa

Instrucciones:

1. Vierta agua en una cacerola. Esparcir la gelatina encima. Dejar reposar durante 5 minutos.

2. Mientras tanto, agregue las fresas y el jugo de limón en una licuadora y mezcle hasta que quede suave.

3. Cuando la gelatina esté remojada por 5 minutos, agregue edulcorante y coloque la mezcla a fuego medio. Mezcle con frecuencia, hasta que esté bien combinado y se disuelva por completo.

4. Con la licuadora funcionando a baja velocidad, vierta la mezcla de gelatina a través del tubo alimentador. Licue hasta que esté bien combinado.

5. Vierta en un bol y coloque el bol en el refrigerador.

6. Mientras la mezcla se enfría, vierta la crema en otro tazón y bata hasta que se formen picos suaves.

7. Agregue un tercio de la crema batida a la mezcla fría y mezcle suavemente.

8. Agregue el resto de la crema batida y agite la crema en la mezcla para obtener una mousse de doble color o mezcle suavemente con la mezcla hasta que esté completamente incorporada.

9. Enfríe hasta su uso.

Mousse de Chocolate Oscuro

Tiempo de preparación: 10 minutos

Tiempo de cocción: 0 minutos

Cantidad de porciones: 8 – 10

Ingredientes:

- 2 aguacates maduros, pelados, sin hueso y picados
- 2 cucharadas de miel cruda
- 1 taza de cacao en polvo
- ½ cucharadita de chile ojo de pájaro en polvo

- 2 cucharadas de extracto puro de vainilla
- ½ taza de pasta de dátiles u 8 dátiles medjool, sin hueso
- 2 tazas de leche de coco entera
- 2 cucharaditas de café instantáneo
- ½ cucharadita de sal rosa del Himalaya

Instrucciones:

1. Agregue los aguacates, la miel, la pasta de dátiles y la leche de coco en una licuadora y mezcle hasta que quede suave.

2. Conserve un poco de cacao en polvo y agregue el resto a la licuadora. También agregue café, chile en polvo, extracto de vainilla y sal y mezcle hasta que estén bien combinados.

3. Vierta la mezcla en el tazón de la batidora. Batir a velocidad alta hasta que la mezcla se vuelva ligera y esponjosa.

4. Vierta en tazones de postre. Espolvorear el cacao en polvo por encima.

5. Dejar enfriar durante 5-6 horas y servir.

Tarta de Arándanos

Tiempo de preparación: 15 minutos

Tiempo de cocción: 45 – 60 minutos

Cantidad de porciones: 4

Ingredientes:

- 10 onzas de arándanos congelados
- ½ taza de harina de avena
- ½ cucharadita de polvo de hornear
- ¼ de cucharadita de canela molida
- ½ taza de nueces

- 5 dátiles medjool
- ½ cucharadita de extracto de vainilla
- 1 taza de leche de almendras o de coco sin azúcar

Instrucciones:

1. Agregue las nueces en una licuadora y mezcle hasta que estén pulverizadas.

2. Agregue la harina de avena, el polvo de hornear, la canela, la leche de almendras, los dátiles y la vainilla y mezcle hasta que quede suave.

3. Transfiera a una bandeja para hornear pequeña. Esparcir los arándanos por encima.

4. Hornee en un horno precalentado a 350° F, durante 45 a 60 minutos.

Peras Escalfadas con Vino Tinto Especiado

Tiempo de preparación: 20 minutos

Tiempo de cocción: 45 minutos

Cantidad de porciones: 8

Ingredientes:

- 4 tazas de vino tinto seco como merlot
- 1 taza de jugo de naranja
- 2 ramas de canela
- 2 tiras de ralladura de naranja (3 pulgadas cada una)
- 4 ajos enteros
- ½ taza + 2 cucharadas de azúcar de coco
- 8 peras maduras firmes, peladas (conservar el tallo), cortar una rodaja fina del fondo de la pera

Instrucciones:

1. Agregue azúcar de vino, jugo de naranja, canela, azúcar de coco, ralladura de naranja y clavo en una cacerola.

2. Coloque la cacerola a fuego alto. Cuando empiece a hervir, bajar el fuego y colocar las peras en posición vertical, con el tallo encima.

3. Tape la cacerola y cocine por aproximadamente 20 minutos o hasta que las peras estén suaves, pero firmes. Girar las peras un par de veces mientras cocina. Apagar el fuego y dejar enfriar por completo. Conservar sin tapar mientras se enfría.

4. Posteriormente cubra la cacerola y colóquela en el refrigerador durante 12 a 14 horas. Girar las peras un par de veces mientras se enfrían.

5. Retire las peras del líquido escalfado y colóquelas en un recipiente para servir.

6. Coloque la cacerola a fuego medio-alto y cocine hasta que la mezcla sea la mitad de su cantidad original. Debe quedar un poco espeso, como un almíbar.

7. Vierta el almíbar sobre las peras y sirva.

Bocaditos de Dátiles

Tiempo de preparación: 15 minutos

Tiempo de cocción: 10 – 12 minutos

Cantidad de porciones: 6 – 8

Ingredientes:

Para la capa de dátiles:

- 8.8 onzas de dátiles, sin hueso
- 1 cucharada de jugo de lima
- ¼ de taza de jugo de naranja

- Ralladura de ½ naranja
- ½ taza de agua
- ¼ de cucharadita de bicarbonato de sodio
- ¼ de cucharadita de vainilla en polvo
- 1/8 de cucharadita de sal rosa del Himalaya

Para las capas superior e inferior:

- 6 cucharadas de aceite de coco, frío
- ½ taza de hojuelas de coco tostadas sin azúcar
- 1/8 de cucharadita de bicarbonato de sodio
- 1/8 de cucharadita de sal rosa del Himalaya
- ¾ taza de almendras rebanadas blanqueadas
- 2/3 taza de harina de coco
- Una pizca de crémor tártaro

Instrucciones

1. Prepare una bandeja para hornear pequeña y cuadrada forrándola con papel pergamino.

2. Para hacer la capa de dátiles: combine los dátiles, el jugo de lima, el jugo de naranja, la ralladura de naranja, el agua, el bicarbonato de sodio, la vainilla y la sal en una cacerola. Coloque la cacerola a fuego medio y cocine hasta que se seque.

3. Apague el fuego y enfríe.

4. Para hacer la capa superior e inferior: Agregue aceite de coco, hojuelas de coco, bicarbonato de sodio, sal, almendras, harina de coco y crémor tártaro en el tazón del procesador de alimentos.

5. Dar pulsos cortos hasta que estén combinados. Transfiera la mezcla a un bol y coloque el bol en el refrigerador por 15 minutos.

6. Agregue la mitad de la mezcla de las capas superior e inferior en la fuente para hornear preparada. Extiéndalo uniformemente y presione.

7. Hornee en un horno precalentado a 350° F, durante aproximadamente 10 minutos, hasta que tenga un color marrón dorado claro.

8. Extienda la mezcla de dátiles sobre la base horneada.

9. Esparza la mezcla restante de las capas superior e inferior sobre la capa de dátiles.

10. Hornee un poco más hasta que la parte superior esté dorada.

11. Deje enfriar a temperatura ambiente. Cortar en cuadrados y servir.

Crujiente de Fresa y Ruibarbo

Tiempo de preparación: 20 minutos

Tiempo de cocción: 40 minutos

Cantidad de porciones: 12

Ingredientes:

- 20 tallos de ruibarbo, picados (alrededor de 8 tazas)
- 2 cucharadas de miel
- 1 taza de azúcar morena compacta
- 2 cucharaditas de canela molida
- 4 tazas de fresas picadas
- 2 tazas de hojuelas de avena
- 1 taza de nueces picadas
- 8 cucharadas de mantequilla
- Jugo de limón

Instrucciones:

1. Agregue las fresas y el ruibarbo en una bandeja para hornear. Agregue jugo de limón y miel y mezcle bien.

2. Agregue avena, nueces, canela, azúcar morena y mantequilla en otro tazón. Mezclar con las manos hasta que se formen pequeñas migas.

3. Distribuya esta mezcla sobre la capa de fresas en la bandeja para hornear.

4. Hornee en un horno precalentado a 350° F, durante aproximadamente 40 minutos, hasta que esté dorado.

5. Retirar del horno y permitir enfriar un tiempo.

6. Sirva tibio o enfríe completamente y sirva.

PARTE TRES: Planificación de comidas

Capítulo 11: Por qué es Importante Planificar las Comidas

¿Qué es la Planificación de Comidas?

Si no quiere perder el tiempo sentado y pensando en su próxima comida, comience a planificar las comidas. El término planificación de comidas se explica por sí mismo: usted está planificando cada comida. Existen tres pasos simples involucrados en la planificación de las comidas, y son los siguientes.

- Seleccione las recetas para diferentes comidas
- Compre los ingredientes necesarios
- Prepare los ingredientes

Durante el fin de semana, dedique un tiempo a tomar nota de todas las recetas que desea cocinar la semana siguiente. Una vez que las recetas estén en su lugar, verifique si tiene todos los suministros necesarios en casa. El paso final es preparar algunos, o la mayoría, de los ingredientes para simplificar el proceso de cocción. Por ejemplo, puede picar verduras, aderezos preparados y adobos, hacer salsas, cocinar proteínas, etc. Necesita hacer la preparación básica para reducir el tiempo de cocción. Imagínese lo simple que será cocinar si solo necesita colocar los ingredientes en una sartén y, ¡la comida estará lista!

Beneficios de la Planificación de Comidas

Quizás el beneficio más evidente de la planificación de comidas es que le ahorra tiempo y esfuerzo. Si planifica todas sus comidas durante el fin de semana, no tiene que preocuparse por sus comidas durante los días de semana. También le da tiempo suficiente para comprar los alimentos necesarios y preparar la comida básica.

La planificación de las comidas también puede ayudarle a ahorrar dinero y ceñirse a su presupuesto de alimentos. Cocinar en casa es más barato que comprar comida para llevar. Las comidas caseras son nutritivas, deliciosas y fáciles de llevar. Al utilizar las recetas sencillas de este libro, podrá comer lo necesario para llevar una vida más saludable.

Si no le agrada la idea del desperdicio de alimentos o si a menudo tiene problemas con las sobras, comience a planificar las comidas. Le ayudará a decidir las cantidades de comidas que necesita cocinar y a reducir el desperdicio de alimentos. También es una excelente manera de agregar algo de variedad a su dieta diaria.

Todos llevamos vidas agotadoras y agitadas, y la fatiga por tomar decisiones es real. A sabiendas o sin saberlo, estamos constantemente decidiendo sobre múltiples cosas. Una forma sencilla de reducir algunas decisiones que debe tomar sobre su dieta es mediante la preparación y planificación de las comidas. Cuando sabe lo que va a comer en una comida específica en un día determinado, no tiene que preocuparse por tomar decisiones adicionales. Imagínese todo el tiempo que puede ahorrar cuando no tiene que pensar: "¿Qué voy a comer?"

Capítulo 12: Su Plan de Comidas Sirtfood

Ahora que sabe de qué se trata la dieta Sirtfood y las diferentes fases involucradas, es hora de empezar. A continuación, presentamos un plan de alimentación de 4 semanas que puede usar.

Ejemplo de Plan de Comidas de la Dieta Sirtfood

Semana Uno

Día 1

La máquina verde

Jugo de perejil con jengibre y manzana

Jugo verde # 3

Súper ensalada de salmón

Día 2

Jugo verde # 2

Jugo de col rizada y apio

Jugo de uva y melón

Ensalada de brócoli, edamame y mijo repollo

Día 3

Jugo verde # 1

Col rizada y jugo de tomate

Batido de col rizada y grosella negra

Ensalada templada de achicoria con setas

Día 4

Batido de fresa

Jugo verde # 1

Cuscús de coliflor especiado con pollo

Muesli superalimento de trigo sarraceno

Día 5

Batido de bayas mixtas

Batido de bayas y té verde

Tortilla de salmón ahumado

Pechuga de pollo fragante con col rizada, cebolla morada y salsa

Día 6

Batido de chocolate

Batido de té verde matcha y piña

Revuelto de tofu con col rizada y batatas

Pasta con pollo y calabaza

Día 7

Batido de tarta de manzanas

Té helado verde de melocotón

Huevos revueltos Diosa Verde

Filete de pavo con cuscús de coliflor

Semana Dos

Día 1

Jugo verde # 1

Huevos revueltos con champiñones

Pollo Marsala

Sándwich de verduras

Día 2

Jugo verde # 2

Revuelto de tofu con col rizada y batatas

Ensalada de pasta de salmón con limón y alcaparras

Salteado de tofu glaseado con miso y sésamo

Día 3

Jugo verde # 3

Tortitas de plátano y arándanos con compota gruesa de manzana

Ensalada Cobb de col rizada de California

Día 4

Jugo de col rizada y apio

Tortitas de alforfón con chispas de chocolate y fresa

Ensalada de frutas frescas y col rizada

Risotto de trigo sarraceno de primavera

Día 5

Jugo de perejil con jengibre y manzana

Alforfón y huevos

Ensalada templada de achicoria con setas

Curry de col rizada, edamame y tofu

Día 6

La máquina verde

Gachas de dátiles y nueces

Tabulé de alforfón de fresa

Pechuga de pollo fragante con col rizada, cebolla morada y salsa

Día 7

Col rizada y jugo de tomate

Huevos revueltos Diosa Verde

Tabulé de verduras y coliflor de primavera

Fideos de pollo

Semana Tres

Día 1

Jugo de col rizada y apio

Jugo verde # 1

Col rizada y jugo de tomate

Salteado de col rizada con tofu crujiente al curry

Día 2

Jugo de perejil con jengibre y manzana

Jugo verde # 3

Jugo de uva y melón

Risotto de trigo sarraceno de primavera

Día 3

Jugo verde # 2

La máquina verde

Jugo de col rizada y apio

Filete de pavo con cuscús de coliflor picante

Día 4

Col rizada y jugo de tomate

Jugo verde # 3

Huevos revueltos con champiñones

Pavo salteado con tomate y cilantro

Día 5

La máquina verde

Jugo verde # 1

Cazuela gratinada de calabaza y col rizada

Cuscús de coliflor especiado con pollo

Día 6

Jugo de perejil con jengibre y manzana

Jugo verde # 2

Tortilla de verduras

Chili de tres frijoles con pesto de primavera

Día 7

Jugo de col rizada y apio

Col rizada y jugo de tomate

Huevos revueltos Diosa Verde

Sándwiches de ricotta con pesto de zanahoria, col rizada y perejil y nueces

Semana Cuatro

Día 1

Jugo verde # 1

Sándwich de desayuno de tempeh sabroso

Curry de pollo y col rizada

Guiso de lentejas y chorizo

Día 2

Jugo verde # 2

Tortilla de salmón ahumado

Patatas asadas con cúrcuma crujiente

Tofu y cerdo al estilo chino con bok choy

Día 3

Jugo verde # 3

Gachas de dátiles y nueces

Wrap de rosbif

Salmón al horno con cúrcuma

Día 4

Jugo de col rizada y apio

Tortitas de plátano y arándanos con compota gruesa de manzana

Curry de garbanzos, quinoa y cúrcuma

Orecchiette con salchicha y achicoria

Día 5

La máquina verde

Revuelto de tofu con col rizada y batatas

Salmón griego

Filete con salsa chimichurri picante

Día 6

Jugo de perejil con jengibre y manzana

Huevos revueltos con champiñones

Fletán con corteza de nuez y Dijon

Pavo salteado con tomate y cilantro

Día 7

Col rizada y jugo de tomate

Huevos revueltos Diosa Verde

Salteado de langostinos asiáticos con fideos de trigo sarraceno

Cena de col rizada, semillas de calabaza y patatas en una olla

Conclusión

La dieta Sirtfood está ganando popularidad constantemente y por todas las razones correctas. Se basa en la idea de inclusión y no de exclusión, a diferencia de otras dietas convencionales.

Esta dieta favorece el consumo de determinados alimentos ricos en sirtuinas. Desde el vino tinto hasta el chocolate negro, existen diferentes superalimentos para consumir. Las sirtuinas son un grupo de proteínas que regulan el metabolismo del cuerpo y aceleran la pérdida de peso mientras mejoran su bienestar físico general. A diferencia de las dietas de moda, que prometen resultados sorprendentes, pero no cumplen, la dieta Sirtfood llegó para quedarse. Diversas celebridades, como la cantante Adele ganadora del Grammy y la famosa chef Lorraine Pascal, confían en esta dieta.

Desde aprender cómo funciona esta dieta hasta los diferentes beneficios que ofrece, pasando por una lista de alimentos ricos en sirtuina y consejos para comenzar, todo lo que necesita está incluido en este libro. También aprendió diversas recetas de la dieta Sirtfood. Con esta dieta, puede comer para tener una mejor salud, vida y estado físico. El sencillo plan de comidas de 4 semanas y los consejos de planificación de comidas harán que la transición a la dieta Sirtfood sea bastante simple.

Todas las recetas de este libro son fáciles de cocinar, nutritivas y absolutamente deliciosas. No es necesario pasar horas en la cocina para cocinar alimentos dietéticos o comprometer sus papilas gustativas. Siga los sencillos protocolos de esta dieta y utilice las diferentes recetas mencionadas en este libro. Solo necesita abastecer su cocina con ingredientes adecuados para la dieta Sirtfood, elegir una receta que le agrade y seguir las instrucciones. ¡Sí, es tan simple como eso!

Al igual que con cualquier otro cambio, debe ser paciente consigo mismo. Siga esta dieta durante un par de semanas y verá un cambio positivo. La constancia, el esfuerzo, la paciencia, la dedicación y el amor propio son factores importantes que no puede pasar por alto al hacer un cambio en la dieta. Una vez que su cuerpo se acostumbre a esta dieta, seguirla se vuelve extremadamente simple. La clave de su buena salud y estado físico está en sus manos. Tome hoy el control de su vida y siga la dieta Sirtfood de inmediato.

¡Gracias y mucho éxito!

Fuentes

https://www.healthline.com/nutrition/Sirtfood-diet#section3

https://www.thekitchn.com/wait-what-exactly-is-meal-planning-241617

https://www.marieclaire.co.uk/life/health-fitness/the-Sirtfood-diet-22576